GLOOMY relay 002

003

GLOOMY
relay

브런치 작가 18인의 릴레이 연작 에세이

발 행 | 2025년 5월 20일
저 자 | 예정옥, 이미경, 승하글, 단풍국 블리야, 찐파워, 한나,
　　　　Bono, 오서하, 이원희, 글방구리, 진아, 고운로 그 아이,
　　　　해조음, 벨라Lee, 발자꾹, 선율, 이수정, 이원길
펴낸이 | 이원길
북디자인 | 예정옥
펴낸곳 | 마니피캇
출판사등록 | 주 소 | 경기도 오산시 여들동로 25, 105-1503
전 화 | 0502-0325-3004
이메일 | v1@v1company.co.kr

ISBN | 979-11-986451-4-2
ⓒ 마니피캇 2025

GLOOMY
relay

브런치 작가 18인의 릴레이 연작 에세이

Gloomy Relay
Road

우리집 마당은 참 좋았다.

마당에 차려진 여름날 저녁 밥상

나무로 된 밥상을 집어던져 어머니의
머리를 찢어지게 만들었다.

잠에서 깨니 옷이 축축하게 젖어 있다.

내 속에서 솟아 나오려는 것,
바로 그것을 나는 살아 보려고 했다.

그 속이 무엇으로 채워져야 하는지는
아무도 알려주지 않는다.

상처를 갖고 있는 이들은
서로를 알아보는 법이지.

바람이 불어도, 비가 내려도,
그들은 서로를 지키며 살았답니다.

창밖으로는 막 드러난 새로운 도시의 풍경이
대낮의 햇빛으로 환하게 드러났다.

멈춰 서서, 스쳐 지나간 풍경을
떠올리는 것도 나쁘지 않다.

창을 열고 숨죽여 울던 공기를 떠나보냈다.

엄마는 눈에 보이게 호전되어 갔고,
마침내 석 달 동안의 입원을 끝내셨다.

또. 무슨 일이 있었는지 알아?

그녀의 자유는 더 심하게 구속당하고
밀리에게 다가가는 길은 점차 막힌다.

너무도 사랑스러운 아이였지만
그녀는 지쳐갔다.

숨길 수 없는 엄마의 노래는 부뚜막 너머
안채를 넘어 대문 밖까지 새어 나갔다.

창문에 굴절된 햇살이 길게 무지개를
그리며 창을 타고 넘어오고 있었다.

그렇게 난 다시 세상으로 나왔다.

여는 글

우울하고 불안한 시대의
위로, 희망, 극복
그리고 나늠의 이야기들

    브런치 활동 초반에 많은 작가들의 글을 봤다. 다양한 컬러와 다양한 양태를 지녔지만 공통적으로 글쓴이의 근저에 '우울함'이 자리하고 있음을 느꼈다. 마음에 담아둔 것들을 글로 써내려가는 건 건강한 치유 행위라 생각한다. 삶이 순조로울 땐 글빨도 잘 안 나오는 법이다.

    많은 작가님들과 댓글과 대댓글로 교류해오다 예정옥 작가님을 알게 됐고, 작가님의 오랜문학상 기획에 함께 하며 여러 작가님들의 글을 육성으로 읽어가다가 '우울'이라는 주제로 릴레이 연작을 하면 어떨까 아이디어를 낸 게 이 책 기획의 시작이 됐다.

    대학교 학과 신문반에는 신문반을 거쳐가는 부원이 수시로 글을 쓸 수 있도록 날적이를 하나 놔뒀었다. 아무나 글을 쓰고, 뒤에 이어서 누군가 또 글을 쓰고, 뭔가 계속 릴레이로 이어지는 글을 쓰는 시스템이었는데 기사는 안 쓰고 맨날 날적이만 쓰냐고 핀잔 들었던만큼 이어 글쓰기가 그렇게 재밌었다.

그 즈음에 PC 통신에서도 릴레이 글쓰기들이 유행했었다. 하지만 늘 빌런 같은 사람들에 의해 전체적인 글의 흐름이 깨어지거나 갑자기 줄거리가 은하계로 날아가거나 댓글 속에 서로 툭탁 툭탁 싸우거나 해서 제대로 된 완결작이 나온 적이 없었다.

뭔가 한번 작업을 하면 그게 요리든 글이든 프로젝트든 그게 망작이든 걸작이든 어쨌든 마침표를 찍는 것을 꽤나 중요하게 생각하는 성향상 이런 미완의 작품들은 은근 나홀로 스트레스였다.

이번 릴레이 연작 기획은 그래도 나름 글 좀 쓰시는 분들, 그 중에서도 오랜 문학상을 수상한 분들이 모여 만드는 글인 만큼 제대로 완결이 되리라 기대한다. 여태 한번 제대로 완성해본 적 없던 릴레이 연작 프로젝트에 드디어 온전한 마침표를 하나 제대로 찍게 됐다. 세상 하찮은 여한 하나를 풀게 된 셈이다.

마니피캇 출판사는 수익 목적으로 만든 출판사가 아니다. 의미 있는 글들이 자본주의적 논리에 매몰되지 않고 세상에 남겨지도록 하는데 의의를 두고 설립했다. 난 출판과 1도 관련 없는 사람이다. 출판 전문가 입장에서 책에 여러 가지 결함이 엿보일지 모르겠다. 관심 없다. 그저 독자가 보기에 좋은 글을 잘 엮어내어 세상에 선보이면 그것으로 그만이다.

우울함을 주제로 우울의 극복기 또는 그냥 우울의 그 상태의 공유, 관점의 전환등 Gloomy를 주 재료로 18명의 작가들이 다양한 자기 세계들을 펼친다. 뒷 사람은 앞 사람의 제시어와 연관 되는 단어를 매개로 릴레이로 펼쳐 가는 게 원칙이며 작가별로 앞 전작만 보고 글을 쓸지 전체 글을 다 보고 자기 순서 글을 끼워 넣을지는 선택 사항으로 됐다.

우울은 영혼의 감기와 같다. 태어나 한번도 우울을 겪지 않는 사람은 없을 것이다. 우울을 무조건 극복하라 말하고 싶진 않다. 다만 감기가 걸리면 잠깐 쉬어야 낫는 것처럼 우울이 찾아온다면 우리네 삶도 잠깐 쉬며 내 삶의 전반적인 것들을 리셋 해보는 시간으로 삼아보자.

글 맛을 살리고, 최대한 작가님들의 스타일을 돋보이게 하기 위해 각 글마다 편집 스타일을 달리했다. 글의 주제에 어울리는 편집을 하기 위해 고민했다.

꼭 신춘 문예 당선자들만 책을 내는 세상은 진즉 지났다. 글 좀 쓰는 사람들이 누구나 책을 펴낼 수 있는 환경이 되어야 국내 출판 시장이 살아날 것이라 생각한다.

자, 이제 무명의 브런치 작가들의 글이 책으로 엮여져 세상에 나오게 됐다. 이 작업은 단 한번의 오프라인 작가 미팅 없이 각각의 작가의 편집 의견에 맞춰 시작부터 마무리까지 릴레이 계주하듯 일사천리로 진행됐다.

책이 안 팔려도 상관없다. 나에겐 보석 같던 이들 무명의 작가들의 글들이 활자화 되어 세상에 나오게 된 것만으로도 내겐 충분한 의미이다.

2025년 5월, 오산 사저에서
이원길

우울하고
불안한
시대의
위로, 희망, 극복
그리고
나름의 이야기들

GLOOMY relay 018

[글루미릴레이]

첫 번째 이야기

마당

우리 집 마당은 참 좋았다. 회색 시멘트로 된 마당은 넓고 따뜻했다. 맨발로 걸어 다니면 발바닥이 따끈따끈해서 종종걸음으로 뛰다시피 빨리 걸어야 했다. 낮이 되어 마당이 너무 뜨거워지면 차가운 우물물을 길어서 마당에 뿌려놓고는 마르는 동안 마루에 엎드려 있었다. 구수한 나무 냄새가 나는 고동색 마루에 얼굴을 붙이면 찹찹한 마루가 꽉 껴안아서 더운 몸을 식혀주었다.

엄마는 매일 아침, 밥을 짓고, 설거지를 하고, 마당에 있는 우물가에서 빨래를 했다. 빨랫줄에는 동생의 기저귀가 물기를 뚝뚝 흘리며 널렸고, 오후가 되면 눈이 부시도록 새하얗게 바싹 말랐다. 언니와 나는 동생의 기저귀를 연극 무대의 커튼이라고 정하고는 양손으로 활짝 열고 나타나서 노래를 부르고 연기를 하며 놀았다. 걸음마가 늦었던 동생은 걷기 시작하자마자 그동안 참았던 움직임에 대한 반격이라도 하듯 대문 밖으로 달려나가 하도 잘 사라져서 엄마가 빨래를 하는 동안 빨랫줄로 허리를 묶어서 수돗가에 매어두었다.

엄마는 세명의 어린아이들의 밥과 빨래를 하느라 늘 얼굴에 땀을 뚝뚝 흘리고 있었다. 엄마의 일이 끝나면 마루에서 밥도 먹고 수박도 먹었다. 수박화채를 먹은 날은 수박 껍질이 그날 오후의 놀잇감이 되었다. 우리는 돌아가면서 수박 모자를 쓰고는 누가 더 웃기는지 놀이를 했는데, 수박 모자란 것은 신통하게도 쓰기만 하면 누구라고 할 것도 없이 웃긴 사람이 되었고, 얼굴에 수박씨를 붙이기라도 하면 참을 수 없이 우스워졌다. 우리는 누가 수박 모자를 썼든 간에 그걸 보는 사람들은 당장에 그 자리에 고꾸라져서 배를 잡고 마당을 뒹굴었다.

나무로 된 대문은 하늘색 페인트가 칠해져 있었다. 그 옆으로 소나무가 있었고, 그 아래 작은 꽃밭에는 엄마가 좋아하는 노란색, 보라색, 하얀색 국화가 우리 삼 남매처럼 소담스럽게 피어 있었다. 양복점 일로 늘 바빴던 아버지는 어린 시절 내 마당에 없었다. 하지만 마당 한편에 초록색 철제로 된 그네가 있었던 걸로 보면 아버지는 우리들이 집에서 재미있게 놀라고 다른 집에는 잘 없는 그네를 구해다 놓으신 걸게다. 아버지의 양복점은 상호 명이 삼신이었다. 어린 나는 삼신할미 이야기를 떠올렸지만, 나중에 알게 된 사실은 우리 삼 남매에 대한 믿음이라는 뜻이라고 했다. 나는 아버지를 아빠라고 불러본 기억이 없다. 아버지가 안아준 기억도 없다. 우리 아버지의 사랑은 믿음인 것 같았다.

어린시절의 나는 주로 마당 안에서 놀았지만, 마당 밖 집 앞에서도 종종 놀았는데 동네 남자 아이들이 놀다 간 자리에서 나는 유리구슬을 줍곤 했다. 투명한 에메랄드 빛 속에 빨강, 파랑, 노랑의 미려한 곡선이 얽혀있는 유리구슬을 들여다 보고 있으면 가슴 가운데가 간질간질해져 왔다. 나의 구슬을 보는 사람들은 남자 아이도 아니고 왠 구슬을 이렇게 많이 모으느냐고 타박했지만, 나는 유리구슬이 나의 고향 같이 여겨졌다. 언젠가 내가 돌아가야 할.

한여름의 어느 날 밤이었다. 마당에 돗자리를 깔고, 그 위에 이불을 펴고 시원한 삼베 이불을 덮고는 텔레비전을 마당에 꺼내서 전설의 고향을 봤다. 깜깜한 밤, 깜깜한 모니터에 피같이 붉은 글씨로 '전설의 고향'이란 글자가 세로로 흘러내리고 으스스한 부엉이 소리가 들렸다. 어두운 산속에서 길을 잃은 선비가 어느 작은 오두막을 발견하고 그 집에서 하룻밤을 묵게 된다. 그 집주인은 구미호나 처녀 귀신, 도깨비 혹은 천년 묵은 이무기였다. 검은 머리를 풀어헤치고 흰 소복을 입은 처녀 귀신이 입에 칼을 물고 나타나서 노려보다가 "휙- 휙- 휙-" 공중제비를 돌면 우리는 "꺅!" 비명을 지르며 이불을 뒤집어 썼다.

전설의 고향도 재미있었지만 엄마의 무릎을 베고 듣는 이야기도 좋아했다. 엄마는 이야기를 잘했다. 어디서 그런 이야기가 계속 나오는지 모르게 많은 이야기를 가지고 있었다. 엄마의 이야기는 엄마의 고향에서 나오는 것 같았다. 할아버지가 일본군에 강제 징용을 가서 할머니가 남편도 없이 혼자 아기를 낳았다는 탄생 설화, 할머니가 갓난 아기인 엄마를 할머니에게 맡기고 떠난 출가기, 엄마가 계모 밑에서 구박을 받았던 박해기,

신데렐라의 언니들 같은 이복동생의 속임수 때문에 억울했던 기억, 이웃에 엄마와 같은 처지의 친구와 팔에 똑같은 문신을 새겨 넣으며 나누었던 우정, 동네 총각들이 엄마가 이고 가는 물동이에 편지를 던져 넣을 만큼 예뻤던 처녀 시절의 로맨스, 이웃의 쌀집 주인의 조카였던 아버지와 만우절날 결혼해서 거짓말인 줄 알고 사람들이 아무도 오지 않은 황당 결혼식, 난생 처음 바다에 놀러 갔다가 튜브를 놓쳐서 물에 빠졌는데, 물속에서 커다란 조개를 보고는 그곳이 꽤 깊은 곳이란 걸 직감하고 반대로 휙- 돌아서 살아났다는 기지 넘치는 생존기, 엄마가 어릴 때 살았던 범일동은 6.25 전쟁 직후에 피난민들이 모여들어서 생겨난 동네로 골목이 구십아홉 개나 됐다는 부산의 역사, 그래서 길을 잃으면 못 찾는다는 공포 스토리, 시집왔을 때 엄마 없는 고아 출신이라며 큰엄마가 근본이 없는 사람이라고 반대하고 무시당한 상처, 이모가 남자를 잘못 만나 그 남자가 애 둘 낳고 바람이 나서 알토란 같은 애 둘을 데리고 이모를 버리고 갔다는 막장 드라마, 삼촌이 군대에 가서 영양실조로 돌아가셨다는 가슴 아픈 이야기, 단 한 명의 친구는 미국으로 시집을 갔고, 친구가 없는 엄마는 딸이 제일 좋은 친구라며 늘 우리에게 가슴에 맺힌 이야기 열 두 보따리를 풀어놓았다. 유년의 마당에서 나는 따뜻한 밥과 시원한 수박도 먹었지만 엄마의 한 서린 이야기도 배불리 먹었다.

엄마는 이야기가 끝나면 쓸쓸한 마음을 노래로 마무리하곤 했다.

반짝이는 하늘에 별이 삼 형제
반짝반짝 정답게 속삭이더니
웬일인지 별 하나 보이지 않고
남은 별만 둘이서 눈물 흘리네

　사람의 인생은 자신이 부르는 노래를 닮아간다고 했던가. 엄마는 운명에
맞서 늘 땀을 뻘뻘 흘리며 열심히 살았지만, 자꾸만 슬픈 일들이 일어났
다. 엄마는 어린 우리 삼 남매를 돌보는 일 뿐만 아니라 아버지 양복점 일
을 돕는 일도 도맡아서 했다. 깔끔한 엄마는 바닥까지 주저앉아서 손걸레
로 닦았다. 쇼윈도의 유리도 지나가던 비둘기가 머리를 꽝! 부딪힐 정도로
투명하게 닦았다. 청소가 끝나면 공장 직원들의 커피도 손수 타 주셨다.
깡통 시장에서 사 온 미제 커피를 커다란 양은 주전자에 넣고 바글바글 끓
여서 코끼리표 마호병에 담아 작업대 위에 올려두면 아저씨들이 좋아라
하며 마셨고, 우리는 아저씨들이 다 먹고 바닥에 조금 남아있는 커피를 엄
마 몰래 둘러 마셨다.

　엄마는 양복점 일을 돕는 일뿐 아니라 다른 일로도 바빴다. 집안일과 가
게 일을 서둘러 마치고는 어디론가 다녔다. 동네 할머니들이 다니는 성당
으로, 영험하다는 절로, 시각장애를 가진 분이 운영하시는 유명 안마 시술
소로 다니고 또 다녔다. 그러던 어느 날, 하느님의 벌인지, 부처님의 분노

인지 엄마가 동생을 업고, 나를 걸려서 절에 간 동안에 사고가 나고 말았다. 언니가 옥상 계단을 올라가다가 굴러 떨어진 것이었다. 언니는 머리를 크게 다쳤고, 부모님의 모든 신경은 언니의 사활과 회복에 집중되었다. 너무 어린 동생은 데리고 다닐 수밖에 없었지만, 어느 정도 앞가림을 할 수 있었던 나는 큰엄마, 숙모, 이모, 고모, 태환이 엄마 등 주변 분들의 상황에 따라 돌려가며 맡겨진 채로 유년기를 보냈다. 따뜻한 마당, 연극 무대의 주인공이었던 나는 맡겨진 아이가 되었다.

언니는 응급으로 봉합 수술을 받은 후, 경과가 안 좋아서 재수술을 하게 되었다. 병원에 들어가는 날 아침, 장기 입원을 위해서 아버지는 큰 이불 보따리 같은 짐을 들고 있었고, 언니는 하얀 뜨게 모자를 쓰고 있었고, 동생은 엄마에게 업혀 있었다. 나를 돌봐 주러 큰엄마인지 고모인지 누군가 여자 어른이 와서 아무 걱정 말고 수술 잘 마치고 오라며 인사를 했고, 나를 제외한 네 명의 가족은 작은 나를 큰 마당에 남겨둔 채 하늘색 대문을 향해 걸어 나갔다. 나는 가족들과 함께 가려고 달려 나갔고, 큰엄마는 큰 손으로 내 목덜미를 잡아챘다. 나는 허공에서 두 발을 버둥거렸고, 악을 쓰면서 처절하고 비통하게 울었다. 가족들이 사라진 커다란 하늘색 대문은 굳게 닫혔고 점점 멀어져 갔다.

뒤를 돌아보았을 때, 나는 너무나 놀라 입을 다물 수가 없었다. 강한 악

력으로 내가 옴짝달싹 할 수 없도록 낚아 챈 그 손은 큰엄마도 고모도 아니었다. 거기에는 커다란 뱀 한 마리가 있는 것이 아닌가! 이것이 내 인생 최초의 기억이다. 언니의 장기 입원으로 나를 친척 아주머니에게 맡겨두고 가족들이 떠난 마당에서 본 뱀은 인생의 한 모퉁이에 멈춰 서서 생각할 때마다 조금씩 다른 모습으로 변형되었다. 뱀 보다 커서 구렁이라는 생각이 들었다가 어느 날, 이무기라는 전설의 동물을 알게 되고 나서 그 뱀이 이무기일지도 모른다는 생각이 들었고, 곧 그 이무기는 마당의 우물 속에서 나왔다는 이야기가 연결되었다.

설화에 따르면 이무기는 용이 되기 위해 차가운 물속에서 천년을 지내면서 여의주를 만든다고 한다. 이무기가 용이 되지 못한 이유를 알고 나서 소스라치게 놀랐다. 이무기가 용이 되지 못한 이유 하나, 여의주가 너무 많아서란다. 단 하나의 여의주만을 품어야 용이 되어 승천할 수 있는데 너무 많은 여의주는 용이 되는데 방해가 된다는 것이다. 이무기가 용이 되지 못한 이유 둘, 내가 처음 뱀을 발견했을 때, 이름을 모르는 그 괴 생명체를 뱀이라고 생각했기 때문에 그것은 뱀이 되었다. 그때 용이라고 말했으면 그건 그때 용이 되었을지도 모른다.

최초의 기억 속 마당에서 본 뱀은 지금의 나에게는 용이다. 내가 용이라고 부르는 순간, 이무기는 그동안 모아둔 수많은 여의주를 버리고 단 하나의 여의주를 품고는 폭풍우를 불러 굉음을 내며 구름 속으로 사라졌다. 어쩌면 첫 기억 속 마당에는 뱀이 없었는지도 모른다. 지렁이였을 수도 있다. 가족들이 나를 두고 간 충격과 공포 때문에 순간, 극도로 위축된 나에게 작은 지렁이가 모니터 속 전설의 고향에서 본 크고 무서운 뱀으로 보였는지도 모른다.

  우물이 없었는지도 모른다. 우물이 분명 있었다고, 우물가에서 두레박으로 물을 길러 마당에 뿌리고, 수박을 꺼내 먹고, 엄마가 빨래를 했던 기억이 분명히 있다고 생각했는데, 나중에 우물을 없애고, 펌프를 설치한 것 같기도 하고, 수돗가가 된 것도 같다. 확실한 것은 물의 공간이었다는 것. 하늘색 나무 대문도 진짜 하늘색이었는지, 물의 기억이 대문까지 흐르고 이어져 하늘색으로 기억하게 했는지, 내가 푸른 하늘의 자유를 갈망했기 때문에 그렇게 생각하게 되었는지 모른다. 아무것도 확실한 증거는 남아 있지 않다. 지금의 내 감정에 따라서 새롭게 변형되고 조율되는 하나의 이미지가 있을 뿐이다.

  우리 집 우물 속에 천년 동안 살았던 이무기는 여의주가 너무 많아서 용이 될 수 없었다. 용이 되려면 단 하나의 여의주만 품어야 한다. 여의주를 버림으로써 용이 될 수 있었고, 폭풍우를 불러 굉음을 내며 구름 속으로 사라졌다. 무거운 나무로 된 뚜껑을 한 손을 들어올릴 수 있을 만큼 굵어진 팔로 나는 비로소 우물의 뚜껑을 닫았다. 그러자 어디선가 이런 노래가 들려왔다.

갈거야 나는 갈거야
꿈 속에서가 아니야
이제는 진짜 갈거야
산 넘고 바다 건너

  그토록 따라가려고 울부짖으며 원망스럽게 바라보았던 문, 내가 못 따라 나오도록 단단하게 걸어 잠갔던 하늘색 대문을 쳐부수고, 가족들이 사라진 길과 반대 방향으로. 그때는 내 의지가 아닌 채로 맡겨지고 남겨졌지만, 이제는 내 의지로 선택한, 한 번도 가보지 않은, 집이 아닌 길로.

  길을 가다가 유리구슬을 발견한다면 다시는 줍지 않을 것이다. 더더군다나 모으지 않을 것이다. 남의 소원 구슬은 횡재가 아니라 우환이 될 테니. 단 하나의 나의 여의주를 만들 것이다. 그것을 품고 날아오르리라. 즐겁게, 순수하게, 그리고 매정하게.

  이 마당에 다시 돌아오지 않을 것이다.

"I am still finding who I am and will be."

GLOOMY relay 032

예정옥

어둠 속에 주저앉아 어둠이 되고 싶었던 어느 날,
어떤 틈 사이에서 빨강, 파랑, 노랑의 점으로 된
작은 빛 알갱이가 새어나오는 것을 보았다.
일어나서 그 빛들을 따라갔고,
빛 알갱이들은 점점 더 많아지고 빠르게 움직이기 시작했다.
그 빛을 따라잡기 위해 나는 걸었고, 뛰었다.
숨이 가빠 올라 그만 멈추고 싶었을 때,
나는 불만에 가득차 이 빛 알갱이들이 무엇인지 물었고,
어딘가에서 목소리가 들려왔다.
이게 바로 내 영혼이라고.
내 영혼의 모나드라고.
오래전, 아이들과 매일 아침 같이 읊었던 시가 떠올랐다.
Birds in the air,
Stones on the land,
Fishes in water,
I am in God's Hands.
그때 노랑은 새가 되어 공중을 날고,
파랑은 돌이 되어 대지 위에 안착하고,
빨강은 물고기가 되어 물 속을 헤엄쳤다.

나는 다시 길 위에 섰다.
새로운 명랑함으로.

두 번째 이야기

오늘만 특가
바나나

긴긴해 여름 저녁 답
찰락찰락 박 바가지 물을 뿌려
빨갛게 익은 마당 열기를 걷어내고
싸륵싸륵 싸리 빗자루 힘찬 비질로
우둘투둘 흙 마당 매끈하게 다듬어
영차영차 기다란 멍석 힘을 합쳐
마당 위에 평평하게 펼쳤다.

사락사락 수수 빗자루 고운 비질로
까끌까끌 보리까락 살뜰히 떼어내고
뽀득뽀득 물걸레질 엉겨 붙은 곡식 분을 말끔히 닦아낸 후
영차영차 커다란 밥상 힘을 합쳐 멍석 위에 그득하게 펼쳤다.

마당에 차려진 여름날 저녁 밥상
아버지 상석에 앉으시면 아이들 차례대로 둘러앉고
어머니는 맨 나중에 앉으셨다.
아버지 한술 뜨시면 아이들 차례대로 숟가락을 잡고
어머니는 맨 나중에 수저를 드셨다.

오이 가지 고추 호박 땀으로 일군 농부의 소박한 밥상
긴긴해가 힐끔힐끔 집으로 돌아갈 때
마당에선 소리 없는 웃음꽃만 피었다.

일찍 집을 떠나 생활해 온 나에게 외로움이 자랐다.
무엇으로도 채워지지 않는 헛헛함은
별이 되어 하늘에 박혔다.

별빛을 이고 걸으며 달빛으로 곱게 단장하고
나는 소망하였다.

봄 여름 가을 겨울
나의 마당에 왁자지껄한 웃음꽃이 피어나길 바랐다.

두 아이의 엄마가 되었다.

까르르 까르르 킥킥 푸푸,
휑하던 나의 마당에 신기한 꽃들이 피어나기 시작했다.
새벽에 눈을 뜨면 날마다 새롭고 푸르른 새날이 펼쳐졌다.

길 건너 편의점, 5개들이 한 봉지 2000원 하던 바나나,
갈색 반점이 생기자 두 봉지 3000원에 판단다.

'앗싸!' 오늘만 특가라니 이 기회를 놓칠쏘냐,
두 봉지 사 와서 알차게 먹었었다.

하룻밤 이틀 밤, 초록 바나나 완숙되길 손꼽아 기다렸다.
특가 행사 구경 나간 길,
바다를 그대로 옮겨놓은 듯한 하늘과 딱 마주쳤다.

'이야! 어떻게 이렇게 푸를 수 있지?'

중력을 거스른 바다, '첨벙' 쏟아질 것만 같아서
손으로 머리를 가리고 사부작사부작 걸었다.

이대로 보내기 너무 아쉬워 숨을 크게 들이켰더니,
투명한 하늘이 발끝까지 쑥 빨려 들어왔다.

오늘을 걷다 맞닥뜨린 새파란 가을 하늘, '음~ 좋다! 좋아!'

여름이 시작될 즈음,
나는 사춘기 아들과 첨예하게 대립하고 있었다.

초등학교 졸업할 때만 하더라도
서울대 가려면 성적이 어느 정도 되어야 하는지 묻던 아이,

고등학교 원서를 쓸 때까지만 해도

인서울 하려면 어느 고등학교가 유리할지 따지던 아이,

고등학교에 입학하여 잘 적응하는가 싶더니,
느닷없이 '자퇴하고 싶다' 하였다.

학교가 재미없고 무엇보다 공부가 하기 싫다며 키워오던 꿈을 접고, 학력
상관없이도 할 수 있고 돈도 많이 벌 수 있다면서 전기 일을 하며 살 것이
라 하였다.

"뭐라고, 예술가의 손을 가진 네가?"

"뭐라고, 공부가 적성에 안 맞다고?"

"뭐라고, 그 일이 그렇게 만만해 보여?"

불타오르던 여름, 나는 아들을 향해 노발대발하였다.
서늘한 눈빛으로 맞서던 아들, 결국엔 방문을 걸어 잠갔다.
잘 가던 길을 그만두고 그것도 자신의 재능과 흥미를 고려하지 않은 전혀
뜻밖의 곳으로 가겠다하니, 이 무슨 뚱딴지같은 소린지........
엄친아의 반항에 나는 절규하였다.

8월의 끝자락 주말 아침, 갑자기 오한이 찾아들더니 낮과 밤이 뒤섞였다.

식은땀이 짜르르, 화장실을 들락날락, 5일째 병원 갔더니 장염이란다. 7일째, 비실거리며 시장 가서 추어탕 두 봉지, 물김치 한 봉지, 자두 한 팩을 쓸어 담아 왔다.

가스 불에 추어탕 냄비 올려놓고 부엌 바닥에 쭈그리고 앉아 추희자두를 우걱우걱 씹어 삼켰다. 삽시간에 추자 2개를 아작낸 다음 추어탕 한 사발 떠서 밥을 말아 식탁에 앉았다. 눈물 젖은 국밥 한 그릇, 물김치 한 종지를 벌컥벌컥, 마지막 밥알 하나 국물 한 방울까지 싹싹 긁어 들이키자 등가죽에 붙어있던 배가 벌떡 깨어났고 헐벗고 섰던 정신도 말쑥해져 왔다.

'오늘은 반드시 아들과 대화하리라'

근 보름 만에 식탁에 마주 앉았다.
서먹한 분위기, 뜸을 들이다 상기된 목소리로 운을 띄었다.

"아들아, 엄마가 아파 누워있을 때, 혼자서도 알아서 잘하더라. 대견해!"

"그 정도는 기본으로 해야지"

"그간 엄마의 아픔만 보느라 너의 마음을 살피지 못했어. 너무너무 미안해!"

"왜 엄마가 사과해, 잘못한 사람은 따로 있는데"

"둘째야, 네 나이에 '앞으로 어떻게 살아갈 것인가?' 고민을 다 하고, 그런 점은 아주 훌륭해! 그래도 네가 하고자 하는 일은, 우리 사회가 학생들에게 주는 특권을 다 누린 후에 시작해도 늦지 않으니, 시간을 두고 천천히 생각해 보면 좋겠어."

"나도 자퇴는 이르다고 생각했어"

"그랬어? 진즉에 말했어야지."

어느새 아들의 날카롭던 말끝이 무뎌져 있었다.

"염증 수치가 너무 높아 당분간 항생제 치료를 계속해야 한다네."

"스트레스 때문에 그런 거야? 큰 병은 아니지?"

밥상머리에서 말이 오가는 내내 고개를 떨구고 있던 아들, 오랜만에 뜨끈한 국물을 먹어서인지 주체할 수 없이 흐르는 콧물을 연신 풀어재꼈다. 눈시울이 점점 붉어져 갔다.

"엄마는 말이야, 엄마가 머무는 공간을 기쁨으로 가득 채우고 싶어. 너랑 좋은 관계로 앞으로도 잘 살아가고 싶어, 그러려면 네가 도와줘야 해."

"내가 도울 일이 뭐 있다고"

"많지, 얼마나 많다고"

"엄마가 너를 안다고는 하여도 너만큼은 속속들이 몰라. 때론 네가 하는 말이나 행동을 이해할 수 없어 이번처럼 억박지를 수도 있어. 엄마가 너무한다 싶으면 'STOP'이라고 외쳐. 그러면 엄마가 바로 멈출게. 우리 모두 이 지구에서 잠깐 머물다 가는 인생이잖아. 다시는 미워하며 지내고 싶지 않아. 우리 지금껏 잘해왔잖아. 뭐든 솔직하게 터놓고, 함께 해결책을 찾아보자."

"알겠어"

부드러운 정적이 흘렀다.
측은지심, 연민이 우리를 말없이 토닥였다.

'이대로만 간다면 탄탄대로다' 점치던 날, 아들의 폭탄선언으로 길을 헤맸던 나, 온기라곤 하나 없는 집에 홀로 누워 움푹 파인 눈을 껌벅이며 두리번두리번 이 생각 저 생각으로 배회하였다. 나의 마당에 내가 그토록 원하던 꽃이 피고 있는지 둘러보다, 아차 싶었다.

'지름길이 아니면 어때서, 잠시 쉬었다 가면 어때서, 나도 그랬거늘'

"아들아, 바나나 먹어 봐, 이번에도 엄청 맛있더라!"

"바나나 또 사 왔어?"

"요즘 계속 바나나가 당기기도 하고, 행사해서 사 왔지."

"음, 맛있네!"

폭발하던 여름을 게워내고 비워낸 자리에 파란 싹이 움텄다.

아들이 웃는다.
아들이 휘파람을 분다.
나의 마당에 티격태격 사랑 꽃이 핀다.

오늘 가면 내일은 살 수 없어요.
삶이 어디로 튈지 모르는 오늘, 이마저도 오늘만 특가 이러나?

GLOOMY relay 044

이미경

이미경입니다.

태어나보니 깊은 산속 옹달샘이 있는 첩첩산중이더군요.

바위에 앉아 하늘을 우러러보며 늘 바깥세상을 동경하였습죠.

까짓것 달렸는데도 그리 멀리 나가지는 못하였습니다.

희로애락이 피고 지던 어느 날부터 고향이 그리워지더이다.

연필을 들었죠.

쓱쓱 쓱쓱 사각사각 나의 언어로 고향을 그리며 찬란한 오늘을 기록하고 있어요.

제 삶의 작은 이야기들이 일상에서 지친 발걸음 잠시 앉았다가 쉬어 가는 공간, 쉼이 되길 바라봅니다.

1. **별명:** 초6 전교생 중에서 키가 제일 커서 '키다리'라고,
중학교 때는 머리 모양으로 인해 '클레오파트라'라고 잠시 불렸고요.
대학교 때는 분위기가 가을 같다고 '추녀'라고 불렸습니다.

2. **MBTI:** 정식으로 검사해본 적 없으나 주변 분들이 'INFJ'일 것 같다고 하더라고요. INFJ 특징 50가지 중 49개 일치하는 걸로 봐서 그렇겠죠.

3. **Animal 띠:** 개띠이고요, 털 있는 동물을 더 좋아합니다.

4. **Flower:** 꽃은 다 예쁘죠.
그치만 화병에 있는 꽃보다는 들꽃에 발길이 오래 머물러요.

5. **물, 불, 공기, 흙:** 우리가 살아가는 데 있어 모두 꼭 필요한 원소들이라 하나만 고르라니 이것 정말 어렵네요. 흙으로 할게요. 왜냐하면 흙에는 물, 불, 공기가 다 있잖아요. 그리고 생명을 키울 수 있으니까요.

6. **Color:** 신비롭고 깊고 푸른 바다와 산, 하늘 등 자연의 색을 좋아합니다.

7. **혈액형:** A형입니다.

8. **Space (사는 지역, 살고 싶은 나라):** 부산에 살고 있어요.
살고 싶은 나라는 지금 이곳이 좋아요.

그래도 더 바람이 있다면 소통이 잘 되는 나라에 살고 싶어요.

모든 이들이 의식주에서 자유롭고, 문화가 전승되고, 산 좋고 물이 좋은 나라면 더할 나위 없겠습니다.

9. 별자리: 염소자리입니다.

10. 보석 (탄생석/좋아하는 보석): 탄생석은 가넷-석류석입니다.

제가 보석에는 그리 관심이 없어서 좋아하는 보석이라, 선뜻 떠오르는 이름이 없네요.

11. 좋아하는 음식: 오늘 일용하는 음식에 감사함으로 뭐든 맛나게 잘 먹습니다.

그래도 가끔 어릴 때 즐겨 먹었던 것들이 생각납니다.

봄에는 쑥떡과 쑥국, 여름에는 다슬기국, 가을이면 모시송편과 추어탕, 겨울에는 호박죽, 가족들과 함께요. 그립습니다.

12. 좋아하는 날씨: 바람이 산들산들, 햇빛은 반짝반짝, 빨래가 잘 마르는 날씨를 좋아합니다.

13. 좋아하는 계절: 예전에는 가을을 좋아했는데 지금은 모든 계절이 좋습니다.

세 번째 이야기

당신의 딸이라는 이유로
고통받았던 시간

그 누구도 부모를 선택할 수 없다. 그것은 나도 예외는 아니었다. 갓 태어난 순간부터 나는 아버지라는 사람의 딸로 살아야 했고, 그 삶은 평탄하지 않았다. 갓난 아기 때부터 시작된 불행은 자라는 내내 이어졌다.

내 삶은 마치 끝없는 지옥을 걷는 듯했고, 보통의 가정이 누리는 행복이란 단 한 번도 내게 허락되지 않았다. 그 고통의 중심에는 바로 나를 이 세상에 태어나게 해준 아버지가 있었다.

우리 집은 항상 시끄러웠다. 곳곳에 깨진 소주병 조각과 깨진 거울이 널려 있었고 어머니의 비명은 날마다 집안에 울려 퍼졌다. 나는 어린 시절 밤마다 두려움에 몸을 떨며 귀를 막고 눈물로 밤을 지새워야 했다. 오빠들과 함께 아버지를 말리려 애썼지만 돌아오는 것은 늘 폭력 뿐이었다. 우리의 모든 저항은 무의미했고, 가정이라는 이름의 지옥은 절대 멈추지 않았다.

내가 아주 어렸을 때 한쪽 눈이 실명되는 큰 사고가 있었다. 그 사고는 내 인생의 가장 어두운 순간이자 나를 장애인으로 만든 사건이었다. 그러나 더 끔찍한 것은 아버지가 내 수술비로 도박을 했다는 사실이었다. 있을 수 없는 일들이 우리 집에서는 일상이나 다름없었다. 주폭, 도박, 바람, 모든 비극의 요소를 지닌 아버지 밑에서 우리는 자라야 했고 그 결과 우리는 정서적으로 결코 안정될 수 없었다.

  그러던 어느 날, 내가 11살에서 12살로 넘어가던 해 아버지를 뺀 나머지 가족은 아버지로부터 도망치기로 마음을 먹었다. 그날은 2002년 1월 1일이었다. 내 인생에서 가장 절망적이면서도 구원의 날이었다. 그 전날, 아버지는 또다시 술에 취해 어머니를 폭행했다. 나무로 된 상을 집어 던져 어머니의 머리를 찢어지게 만들었다. 피투성이가 된 어머니를 보고 나와 오빠들은 울부짖으며 어머니에게 달려갔다. 그날의 기억은 나에게 아직도 생생하게 남아 있다.

  어머니는 결국 그날 밤 여관에서 하루를 보내고 아침에 돌아오셔서 집을 나갈 결심을 하셨다. 가방을 싸들고 나선 어머니와 우리 세 명은 우리의 마음을 대신하는 듯 미친 듯이 쏟아지는 비에 흠뻑 젖으며 어머니를 따라 집을 떠났다. 우리는 어머니의 고향인 대구로 향했다. 그해는 월드컵 열기로 뜨거웠던 해였지만 우리에겐 월드컵 보다 자유와 새 삶의 시작으로 가슴이 뜨거워지는 해였다.

  비록 가난했지만 폭력에서 벗어난 우리 가족은 작은 것에도 웃을 수 있었다. 시간은 흘러 나는 성인이 되었고 우리 가족은 서로를 위해 애쓰며 살아갔다.

그러던 어느 날 내게 병이 찾아왔다. 유전적 요인이 컸다는 의사 선생님의 말에 어머니는 아버지의 질병과 관련이 있음을 털어놓으셨다. '아버지는 끝까지 나를 괴롭히는구나'라는 생각에 나는 참을 수 없는 분노와 고통을 느꼈다. 하지만 그 이후 나는 다짐했다. '이겨낼 것이다. 어머니께 효도하며 행복하게 살 것이다.' 그 결과 지금은 치료와 함께 운동과 음식 관리에 집중하며 회복을 위해 최선을 다하고 있다.

그리고 아버지가 돌아가셨다는 소식을 들었을 때, 그 소식에도 나는 눈물 한 방울 흘리지 않았다. 이미 오래전에 마음속에서 죽어버린 그였기에 장례식장에도 가지 않았다. 내 기억 속 아버지의 존재는 2002년 1월 1일 그날로 끝이 났기 때문이다.

나는 용서를 고민할 필요조차 없었다. 용서란 누군가를 다시 마음에 두는 일이지만, 내게 아버지는 이미 오래전 사라진 그림자였다. 나는 더 이상 그 지옥 속에 머물러 있지 않고 과거는 흉터처럼 남아있지만, 이제는 그 흉터를 들여다보며 아파하지 않는다. 나는 살아남았고, 앞으로도 살아갈 것이다. 그리고 그 길 위에는 언제나 내 사랑하는 가족이 함께할 것이다.

GLOOMY relay 054

희망의 불씨를 지필 수 있다면,

그것으로 충분하다.

모든이의 마음에

내 이야기가 누군가에게, 살아갈, 견디고, 또 쓴다

승하글

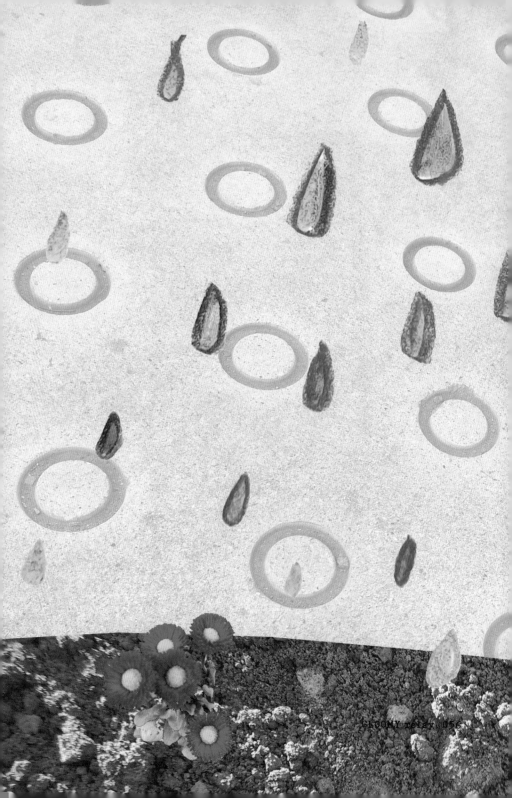

GLOOMY relax 056

네 번째 이야기

아가별이 된 세진이

시끄럽게 울어대는 까치 소리에 그만 잠이 깨버린다. 아침이면 잊지 않고 찾아오는 해님이 선명한 문의 바둑판 사이를 투명하게 비춘다. 할머니는 그새 일어났는지 옆자리가 비어 있다. 이불을 젖히고 일어나 문을 활짝 열고 마루로 나간다. 두 팔로 기둥을 꼬옥 안은 채 마루 밖으로 고개를 내밀어 지붕 끝에 앉은 까치들을 올려다본다. 조그만 입이 벌어질 때마다 "까악 깍" 소리가 난다.

"반가운 손님이 올랑가 부지런히도 울어 싸네. 아이고, 우리 경아 일어났는가?"
"까치가 울면 손님이 와, 할머니?"
"손님이 오지. 아주 반가운 손님이 오지."

부엌에서 한가득 차려진 아침상을 들고나온 할머니가 마루에 앉는다. 보글보글 뚝배기에서 끓고 있는 된장찌개와 참기름을 듬뿍 넣고 된장에 조물조물 무쳐낸 나물이 가지런히 놓여 있다. 간밤에 달구가 알을 낳았는지 동그랗게 부쳐진 새하얀 달걀에 황금색 보름달이 둥실 떠 있다.

"난 울 할머니가 해준 된장찌개 좋아."
"이 그려? 우리 경아는 반찬 투정도 안 하고 밥도 잘 먹지요. 된장 넣고 밥을 쪼깨 비벼줄까?"

고개를 끄덕이자 할머니의 손이 바쁘게 움직인다. 두부와 감자를 건져내어 밥에 쓱싹쓱싹 비비고, 밥그릇을 향해 동그랗게 오므린 할머니의 입이 김을 후~후~ 불어낸다. 밥 한 그릇을 뚝딱 비우는 동안에도 까치는 멈추지 않고 계속 울어댄다. 상을 거둬간 할머니가 설거지하는 동안 나는 종종걸음으로 뒷마당에 가본다. 밤새 딸기가 얼마나 자랐을까. 황급히 날아가는 까치의 날갯짓이 똘배나무를 흔들더니 돌덩이 같은 배 하나가 딸기밭으로 쿵 떨어진다. 이제 겨우 엄지손톱만큼 커진 어린 딸기 몇 개를 그만 짓눌러버린다.

"에이 맛도 없는 똘배. 딸기를 망가뜨렸어."

딸기 사이로 처박힌 똘배를 집어 들어 우물가로 휙 던져버린다. 우물에 부딪힌 똘배가 튕겨 나가 대굴대굴 구르더니 포도 넝쿨이 치렁한 담장 아래에서 멈춘다. 쓰러진 딸기 줄기를 일으켜보지만 이미 몸이 꺾여버려 다시 꼬꾸라지고 만다. 마음이 상해버린다. 나쁜 까치. 그만 손을 털고 일어나 큰 마당의 비닐하우스와 외양간을 가로질러 활짝 열린 대문을 향해 달려나간다. 할머니는 항상 대문을 활짝 열어놓는다. 옆집 할아버지도 뒷집 할머니도 언제든 우리 집에 올 수 있다. 집 앞 어귀에서 방향을 틀어 정자나무까지 달려간다. 정자나무 앞 방앗간의 높은 굴뚝에서 모락모락 김이 피어오른다. 방앗간 문도 활짝 열려 있다. 종착역에 주저 없이 뛰어 들어가니 고춧가루가 빨간 대야에 가득 차 있고 매캐한 냄새에 섞여 떡 익는 냄새가 난다.

"연경이 왔네."
"아줌마 안녕하세요. 세진아~"
"까아아아아악~ 온니다~~ 여! 언경이 온니~"

세진이는 나를 부를 때 꼭 여! 하고 한번 멈춘다. 내 이름이 어려운 건 할머니도 마찬가지인 것 같다. 나를 경아라고 부른다. 할머니는 세진이가 내 이름을 끊어 부르기는 해도 똘방지다고 했다. 세 살짜리 아가여서 머리가 깨끗하다고 했다. 부지런한 세진엄마가 아가의 머리를 잘 감겨주는 것 같다.

세진이네 방앗간에는 크레파스가 있다. 방 한쪽에는 오래된 큰 달력들이 쌓여 있다. 할머니가 밭에 가고 세진엄마가 떡을 만들면 세진이와 나는 달력을 뒤집어 놓고 그림을 그리며 시간을 보낸다. 오늘은 세진엄마의 뽀글뽀글한 머리를 그려 두고 웃음이 멈추지 않는다. 미장원 아줌마가 야무지게 말아 놓은 세진엄마 머리는 꼭 맨드라미처럼 생겼다.

"온니~ 또 모 그려?"
"음.... 세진이 좋아하는 거 그려줄까?"
"어! 세진이가 좋아하는 거 그려줘."
"세진이는 뭐가 좋은데?"
"어.... 하~늘."
"하늘? 그리고 또 뭐?"

"어.... 별님."

"그래 하늘이랑 별님 그리자."

"히히, 달님도~"

신이 난 세진이가 옆에 찰싹 엎드려 다리로 가위질을 한다. 이내 양손을 턱에 괴고 이런저런 참견을 하며 하얀 종이에 펼쳐지는 마법에 빠져든다. 짙은 어둠이 내린 하늘이 서서히 채워진다. 크고 작은 노란 별들이 하나둘 씩 생겨나고 어느새 밤하늘이 총총 빛난다.

"온니~ 별님은 왜 있는 고야?"

"어어. 우리가 이다음에 하늘나라로 가면 별님이 되는 거야."

"근데 이 별님은 왜 쪼꼬만해?"

"응 이거는, 아가별이야."

"아가별?"

"응~ 세진이처럼 작은 아가별."

"그럼, 이 별은 내 별이야?"

"응. 이거는 세진이 별이야."

"히히, 세진이 노랑 아가별 될 꼬야."

송편 같은 달을 그리다 보니 할머니가 해 준 이야기가 생각난다. 달에는 토끼가 방아를 찧고 있다고 했다. 할머니의 말을 듣고 보니 정말 절구질을 하는 하얀 토끼가 있었다. 토끼는 어떻게 달나라에 갔을까?

"온니, 이건 모야?"

"이건 토끼야."

"토끼? 토끼는 왜 요~기 이떠?"

"토끼는 달에 살아. 달에서 떡방아를 찧어."

"토끼도 떡 만들어? 울 옴마도 떡 만들어~"

세진이의 놀란 눈이 동그랗게 커진다. 방 밖에서는 떡방아 소리가 끊이지 않는다. 세진엄마는 매일 떡을 만든다. 세진아빠가 쌀을 한가득 씻어서 부어주면 통에서 수줍은 연기가 올라온다. 밥상 두 개보다 더 큰 나무판에 김이 뭉글뭉글 나는 쌀을 엎어두고 세진엄마와 아빠가 사이좋게 돌아가며 얼쑤 절구질하면 쌀알 모양은 사라지고 어느새 울퉁불퉁 커다란 떡이 된다. 세진엄마가 조금씩 떼어 호호 불어가며 입에 넣어주는 떡은 참 쫄깃하고 맛있다. 세진엄마는 떡으로 요술을 부리는 것 같다. 꿀과 깨가 톡 터지는 떡도 만들고 무지개 색깔이 나는 떡도 만든다. 줄넘기처럼 하얗게 계속 나오는 떡을 뚝 끊어서 물에 씻어주면 세진이와 나는 쩝쩝거리며 꿀에 찍어 먹는다. 세진이가 진짜 내 동생이었으면 좋겠고, 세진엄마가 우리 엄마였으면 좋겠다.

잠든 세진이 옆에서 한참을 뒹굴다 터덜터덜 방앗간에서 나온다. 정자나무 아래에서 개울을 바라보다 그 자리에 아예 주저앉는다. 투명한 물속의 미꾸라지가 재빠르게 몸을 움직여 흙탕물을 만들고 바위 아래로 숨어든다. 세진이처럼 가만히 웅크리고 낮잠을 자던 가재가 정신없이 후다닥 흙탕물을 빠져나온다. 갑작스러운 난리에 놀란 소금쟁이가 몸을 폴짝 폴짝 뛰어 달아난다. 개울 아래로 내려놓은 다리를 요리조리 흔들며 물속 친구들을 보는 것도 점점 심심해진다. 고개를 들어보니 개울 건너 덩그러니 혼자 있는 집에 사는 할머니가 담배를 물고 마루에 걸터앉아 하염없이 이곳을 바라보고 있다. 언제부터 저기 계셨던 걸까. 할머니도 심심한가 보다.

그나저나 아이들은 뭐 하고 있을까. 오늘따라 아무도 보이지 않는 친구들을 찾아 나서야겠다. 정자나무 아래에 서서 누구 집으로 먼저 갈까, 고민하며 방향을 정하는 사이 멀리 윗동네에서 머리에 봇짐을 인 아줌마가 걸어 내려온다. 옆으로 위로 줄이 많이 그려진 감자색 바지를 입고 아침에 나무에서 떨어진 똘배 색깔의 윗도리를 입었다. 아무 표정 없이 정자나무를 향해 걸어오는 아줌마의 모습을 한참 동안 바라본다.

갑자기 심장이 쿵쾅거린다. 허겁지겁 반대 방향으로 몸을 돌려 달리기 시작한다. 작은 걸음으로 아침에 뛰어나왔던 길을 거슬러 어귀에서 방향을 꺾고 마당까지 한걸음에 내달린다. 담장 너머 선녀가 마루에서 까치발을 들고 부르는 소리도 귀에 들어오지 않는다. 비닐하우스 문을 열고 들어가 익기 시작한 바나나처럼 빼곡하게 걸려있는 담뱃잎을 헤치고 몸을 숨긴다. 아무도 나를 찾지 못하게 가장 깊숙한 곳으로.

얼마나 시간이 지났을까. 쾌쾌한 담뱃잎 냄새와 비닐하우스의 후덥지근

한 열기에 숨이 막혀온다. 어느새 밖은 어둑어둑하고 여물 먹을 시간인지 외양간의 누렁이 두 마리가 주거니 받거니 음매 하며 울어댄다. 더듬더듬 한참 만에 담뱃잎 숲을 빠져나온다. 부엌에서 하얀 연기와 함께 불빛이 새어 나오고 있다. 흰 수건을 머리에 두른 할머니가 바가지를 한 손에 들고 부엌에서 나온다.

"호랭이가 잡아갔나 했더니 거기서 잠이 들었다냐?
아이고, 우리 경아! 담뱃잎을 죄다 뒤집어써 부렀네.
아침부터 까치가 울어대더니 느그 어매가 장사하러 왔어이."

머리에 있던 수건을 풀어 옷에 달라붙은 담뱃잎을 털어내는 할머니의 손을 뿌리치고 서둘러 뜰방으로 올라간다. 어디에 떨어지든 상관하지 않는다는 듯 신발을 휙 벗어 던지고 마루에 올라 방문을 벌컥 연다. 머리끝까지 이불을 뒤집어쓰고 칫! 엄마는 누가 엄마래. 어깨를 들썩거리다 또다시 잠이 든다.

기차를 타고 왔을까? 나는 까만 우주에 와 있다. 크고 작은 네모난 별들이 각기 다른 색 옷을 입고 우주정류장에 떠 있다. 살짝 내려다보니 깊이를 알 수 없는 우물 같은 우주. 포도색 별 위에 서 있는 나는 저 아래 석류처럼 반짝이는 별을 잠시 바라보다 뛰어내려 본다. 석류별이 약간 흔들려서 떨어질 뻔했지만 무사히 가운데 앉는다. 이번엔 저기 귤색 별로 가볼까? 하나씩 별을 옮겨가며 뛰어내리다 보니 내가 날아다니는 것 같다. 이제 내

몸은 이 별 저 별로 알아서 떨어진다. 한없이 떨어지고 또 떨어지면서 속도가 빨라진다. 우주에서 하는 이사 놀이가 점점 무서워진다.

잠에서 깨니 옷이 축축하게 젖어 있다. 언제 끝날지 모르는 길고 긴 우주여행이 며칠째 이어지고 있다. 몸이 끈적거린다. 그런데 일어나고 싶지는 않다. 네 살로 사는 건 참 피곤하다. 오늘은 달구 새끼만 삐악삐악 마당을 돌아다니고 있나 보다.

"연경아~ 연경아~"

선녀 목소리다. 이불을 감은 채 몸을 대구루루 굴려 문 앞까지 왔는데 말린 이불 때문에 손이 빠지지 않는다. 나는 머리를 감겨주는 엄마가 없어서 똘방지지 않은 것 같다. 하는 수 없이 두 발을 들어 방문을 툭 쳐낸다. 너무 세게 밀었나. 문에 구멍이 날 뻔했다. 마당에 모습이 보였던 선녀가 사라지더니 곧 마루 위로 머리가 올라온다. 무릎으로 마루를 기어와 턱을 괴고 엎드린 선녀가 이불에 돌돌 말려 머리만 빼꼼히 나와 있는 나를 바라본다.

"애벌레 같애."

선녀의 말에 배꼽이 빠질 것 같다. 애벌레처럼 꿈틀거리자, 마루에 드러누워 배를 움켜쥔 선녀가 죽겠다는 듯이 대굴대굴 구르다가 기둥에 머리를 쿵 찧는다. 이번엔 내가 죽을 것 같다. 기운이 다 빠져버린 후에야 웃음을 멈추고 정신을 놓은 채 그대로 누워 있다. 신발을 벗고 방으로 들어온 선녀가 이불 끝을 찾아 잡아 올린다. 몸을 굴리자 돌돌 말려 있던 두 손이 마침내 자유를 찾는다.

세진엄마가 방금 만든 호박떡을 쟁반에 담아 준다. 하얀 백설기 사이로 송송 박힌 노란 호박이 설탕 같다. 호박을 다 빼먹은 우리는 선녀네 집에 가기 위해 신발을 신는다. 선녀엄마가 곧 첫 번째 생일이 다가오는 선남이를 데리고 아빠를 따라 읍내에 나갔다. 첫 번째 생일날에는 사진을 찍는 거라고 했다. 나는 첫 번째 생일이 없었다. 기어다니며 방해하는 선남이가 없으니 오늘 같은 날은 소꿉놀이하기에 딱 좋다. 나와 선녀의 손을 한 쪽씩 잡은 세진이가 작은 발을 폴짝거린다.

느그들 어디 가냐?, 마당에서 호미질하던 파란 대문집 할머니가 열린 문틈으로 고개를 내밀고 묻는다. 우리 집에 가서 소꿉놀이할 거예요, 신이 난 선녀의 목소리에 할머니는 마루에 놓인 커다란 비닐에서 강냉이 한 바가지를 담아준다. 쏟아질까 조심스럽게 들고 온 강냉이를 방 한구석에 놔둔 채 우선 역할부터 정한다.

"나는 돈을 벌어 올게." 선녀가 먼저 아빠를 자처하고 나온다.
"나는 그럼, 엄마. 우리 세진이는 아가 할까? 아이 예쁘다. 우리 아가."
본인의 역할이 만족스러운지 세진이가 함박웃음을 짓고 양손을 파닥거린다.

"여보. 우리 집을 지어야겠어요."
"집이요?"
"아가가 태어났으니 집이 있어야 해요."
"좋은 생각이에요 여보. 어디에 지을까요?"
"음.... 저기는 어때요? 우리 셋이 다 잘 수 있어요."
"어머, 저기 아궁이도 있어요."

장롱문을 활짝 연 선녀가 이불을 끌어 내린다. 위에 놓여 있던 베개와 가벼운 이불 여러 개가 방바닥에 팽개쳐진 후 두꺼운 이불이 모습을 드러낸다. 무거운 솜이불이 장롱에서부터 방과 연결된 부엌문 밖으로 한참을 질질 끌려 나온다. 이불을 펼치니 부엌 바닥을 가득 메운다. 많이 본 듯 선녀가 손바닥으로 탁탁 내려치자 이불이 평평해진다. 얇은 이불 하나를 덮어놓으니 금세 포근한 집이 된다. 방에서 집이 완성되는 모습을 내려다보던 세진이가 까치 소리를 내며 치던 손뼉을 멈추고 조심히 부엌 계단을 하나씩 내려온다.

"아가야. 여기가 우리 집이야."
"옴마. 요기가 우리 집이야?"
"응. 우리 아가 맘마 먹을까? 여보도 밥 먹으세요."
강냉이 바구니로 상이 차려진다.

"우리 아가 맘마 먹었으니까 코 잘까?"

"어~"

세진이가 이불 속으로 몸을 쏙 숨긴다.

"여보. 집을 다 짓고 밥도 먹었으니 이제 나는 돈을 벌러 가야겠어요."

"네, 다녀오세요. 아참, 이 여보도 윗마을에 가야겠어요."

"그럼 같이 나갈까요?"

"네, 여보. 우리 아가는 코 자고 있어요."

"네~"

"아, 아니에요. 그건 나쁜 생각이에요. 엄마가 미안해요. 아가는 엄마랑 함께 있어야 해요. 자, 엄마가 업어줄게요."

"네~"

"어? 여보! 비가 와요."

부엌 문틀을 붙잡고 서서 선녀가 말한다. 황급히 문 앞으로 간 세진이와 나는 갑작스레 쏟아지는 비를 물끄러미 바라본다. 강한 빗줄기가 흙 마당을 파고 떨어진다. 간혹 문틀에 부딪힌 빗방울이 부엌 문턱을 넘어 들어온다. 시무룩해진 우리는 이불 위에 삼각형으로 마주 보고 앉는다. 외출하려다 갑자기 할 일이 없어지자 하나둘 조용히 이불 속으로 파고든다. 빗물 부딪히는 소리가 자장가처럼 단잠을 부른다.

"오메 환장허겠네. 이게 다 뭣이다냐?"

호들갑스러운 선녀엄마 목소리가 잠을 깨운다. 읍내에서 돌아온 선녀엄마는 황급히 포대기를 풀어 선남이를 방에 내려놓고 부엌으로 들어온다. 잠에서 깬 세진이가 방에 앉아 무슨 일인가 내려다보고 있는 선남이를 향해 앙증맞은 두 주먹을 머리 위에 올리고 까꿍을 해 보인다.

"이 썩을 놈의 가스나들. 이불을 흙바닥에 죄다 깔아놓고 시방 뭐 하는 짓이여 참말로! 비가 억수로 와서 부엌이 다 젖어 부렀구만. 오메 못 살겠네. 이 호랭이가 물어갈 것들!"

언덕 너머 호랑이 굴에서 나온 것 같은 선녀엄마 목소리에 잔뜩 겁을 먹고 우리는 잽싸게 신발을 신는다. 세진이의 손을 잡아끌어 샌들을 신기는데 심장에서 울리는 북소리에 끈이 쉽게 걸어지지 않는다. 선녀와 나는 세진이의 손을 하나씩 나눠 잡고 재빨리 호랑이 굴을 도망쳐 나온다. 이불 홑청이 뭐라 뭐라 하는 선녀엄마 목소리에 놀란 선남이의 울음소리가 점점 멀어진다.

비가 얼마나 내린 걸까. 길 여기저기에 작은 웅덩이들이 생겼다. 웅덩이를 피해 이리저리 서둘러 걷다 보니 세진이의 오른쪽 발가락 다섯 개가 샌들 앞으로 쑥 빠져나온다. 선녀언니 손 꼭 잡고 있어 세진아!, 끈을 풀고 신발을 벗겨보려 하지만 발등이 꽉 끼어 빠지지가 않는다. 한참 만에 신을 고쳐 신기고 세진이 발이 다시 빠질까 봐 천천히 정자나무를 향해 걷는다. 개울물이 눈에 띄게 불어 있다. 저 멀리 윗마을에서 굽이굽이 바쁘게 내려오는 노란 물줄기가 보인다. 갑자기 몸이 커진 탓에 개울이 비좁은지 빨리 가라고 아우성치는 물소리가 우렁차다.

개울에서 소리 지르며 물장구치고 있는 오빠들을 발견하고 약속이나 한 듯 모두 그 자리에 멈춰 선다. 평소에는 무릎까지밖에 오지 않던 개울물이 오빠들의 허리 위로 올라왔다. 서로 물줄기를 뿌려가던 와중에 상현오빠 가 발라당 뒤로 넘어져 허우적거린다. 넘어지는 모습이 우스꽝스러워 우리는 동네가 떠나가라 웃어댄다. 상현오빠는 덩치는 가장 큰데 덜렁거리 기를 잘해서 매번 넘어지기 일쑤다. 정자나무 아래 놓인 통에는 긴 수염이 난 메기가 놓아달라고 반항이라도 하듯 거칠게 몸을 움직이고 있다. 나는 통에 손을 넣어 물을 휘휘 저어 본다. 힘차게 꼬리를 움직이던 메기가 곧 회오리에 휩쓸려 맥없이 빙글빙글 돌고 만다. 세진이가 까르르 웃으며 손 가락을 넣어 본다.

우르릉 쾅
우르릉 쾅쾅

천둥소리와 함께 하늘이 순식간에 어두워지더니 비를 퍼붓는다. 나는 흠 칫 놀란 세진이의 팔을 얼른 잡아 일으켜 끌어당긴다. 물에서 놀던 오빠 들도 정자나무 밑으로 달려 나온다. 금세 머리가 흠뻑 젖은 오빠들이 몸 을 부르르 떨며 하늘을 올려다본다. 상현오빠가 겁에 질린 세진이의 통통 한 양 볼을 감싸며 아유 귀여워, 우리 비 조금만 그치면 집에 가자. 하늘에 지붕이 사라져 버린 것처럼 비가 쏟아지더니 여기저기에서 쩍쩍 소리와 함께 불빛이 번쩍거린다.

"온니, 무서워어….'"

세진이가 파르르 떨리는 눈으로 두 팔을 벌려 품에 안긴다. 작은 아가를 꼬옥 안아주며 고개를 돌리니 방앗간이 보인다. 세진엄마를 부를까? 내가 부르는 소리를 세진엄마가 들을 수 있을까?

우르릉 쾅쾅

하늘이 또다시 쩍 갈라진다. 통에 있던 메기가 몸을 더욱 빠르게 움직인다. 퍼붓는 비를 온몸으로 맞은 개울이 아파서 화가 났는지 붉으락푸르락 오르내린다. 선녀가 그만 울음을 터트린다. 진수오빠가 괜찮아, 하며 선녀의 머리를 쓰다듬는다. 온니 울지 마~, 세진이가 단풍잎 같은 손을 펼쳐 선녀의 눈물을 닦아주고 이내 시선은 통에 있는 물고기를 향한다. 격렬히 몸부림치던 메기가 결심한 듯 힘껏 뛰어오른다. 통에서 탈출해 바닥을 강타하는 비를 만나자 미친 듯이 파닥거리며 춤을 춘다. 수차례 하늘로 뛰어오르던 물고기는 거센 물줄기를 만나 단번에 개울 쪽으로 밀려간다.

"어... 안대….'"

세진이가 반사적으로 물고기를 향해 튀어 나간다. 잡아보려 손을 내밀어 보지만 물고기는 더욱 떠밀리고 만다. 팔을 쭉 뻗어 손이 닿으려는 순간 물고기는 개울 속으로 첨벙. 뻗은 손을 따라 중심을 잃은 세진이의 몸도 물고기처럼 첨벙.

"세진아!!!! 세진아!!!"

세진이를 부르며 개울로 뛰려는 나를 잡아 끌어내고 상현오빠가 재빨리 물속으로 뛰어든다.

"온니.... 오빠...."
"세진아! 오빠 손 잡아. 오빠 손 잡아봐. 세진아~ 팔 뻗어. 오빠가 잡아줄게, 세진아."
"옵빠아 흐흐흐 옵빠아아아...."

상현오빠가 팔을 휘적이며 세진이를 잡으려는 찰나 물살이 거세게 솟아오른다. 허우적거리며 쓸려가던 오빠가 다시 팔을 뻗어 내밀어보지만, 얄미운 물살은 세진이를 오빠로부터 멀리, 더 멀리 밀어내 버린다.

"옵.. 빠아아... 흐흐.. 흐 옴.........마아아아...."

세진이가 까마득히 작아진다. 하얗게 질린 점 하나가 이내 비에 씻겨 사라진다. 세진이의 목소리는 들리지 않고 함성 같은 빗소리만 가득하다. 상현오빠가 끌어낸 힘에 엉덩방아를 찧고 바닥에 주저앉은 나는 꼼짝도 하지 못하고 그대로 얼어붙어 있다. 한참 만에 빗속에서 상현오빠가 걸어 나온다. 세진이, 조금 전까지 내 옆에 있던 세진이. 둘러봐도 세진이는 없다. 정자나무 바닥에 털썩 주저앉은 채 오빠가 엉엉 운다. 세진이를 부르며 슬프게, 아주 슬프게 운다.

비를 맞아 머리가 더러워져서 멍충이가 되었는지 집을 찾을 수가 없다. 가도 가도 집이 나오지 않는다. 조금 가까워졌나 싶으면 비바람이 몸을 밀어 내 뒷걸음질 치게 한다.

마당 한가운데 들어서 불이 켜진 방문을 흐릿하게 바라보고 서 있다. 우릉쾅, 하는 소리에 할머니가 방에 앉아 문을 밀어 연다. 하늘을 보려다 온몸으로 비를 맞고 서 있는 나를 발견하고 눈을 깜빡깜빡하더니 이내 귀신이 아닌 걸 알아차리고 달려 나온다.

"아이고 아가! 비가 오믄 얼릉 들어와야지, 왜 이러고 서 있다냐.
경아야. 경아야?"

나는 계속 우주에 있다. 그 우주의 모습은 늘 똑같다. 나는 네모난 별 사이에서 끊임없이 떨어지지만 내가 있는 우주는 바람이 불지 않는다. 감각이 느껴지지 않는다. 사람도 살지 않는다. 수많은 색을 가진 수많은 별이 아주 가끔 몸을 흔들어 반짝이며 나 여기 있다고, 어서 오라고 손짓할 뿐이다.

할머니가 된장찌개에 밥을 비벼 한입 넣어준다. 꼭 똘배 껍질이 입안에 있는 것 같다. 밥 먹이기를 그만두고 할머니는 옅은 숨을 내뱉으며 나를 업는다. 두 손을 가슴에 끌어안고 할머니 등에 몸을 기댄다. 이제 까치도 오지 않고 누렁이도 울지 않고 달구 새끼도 조용하다. 선녀의 목소리도 들리지 않는다. 끊어진 포도 넝쿨과 나뭇가지가 뒷마당 여기저기에 흩어져 있다. 우물에도 나뭇잎과 부러진 가지들이 가득하다. 크다만 딸기들이 맥을 못 추고 모두 쓰러져 있다.

어둑어둑 날이 저물고 저녁을 짓는 집마다 하얀 연기가 피어오른다. 언제부터였는지 담장을 오르고 있던 구렁이가 혀를 날름거리며 옆집을 힐끔 훔쳐보더니 굵고 기다란 몸을 꾸물거리며 담을 넘는다. 나는 그만 눈을 질끈 감아버린다. 옆집 할아버지 목소리가 다급해진다. 부산하게 막대기를 두드리며 구렁이 쫓는 소리가 들리더니 할아버지가 담장 밖으로 고개를 빼꼼히 내민다.

"경아는 이적지 말을 안 하는가? 아이고, 어린아가 놀랐겠제. 큰일이구먼. 그나저나 함씨 허리가 남아나지 않겠소."

뜰방에서 마루 앞을 왔다 갔다 하던 할머니가 멈춰 선다.

"몸이나 잘 추스르지 않고 늦은 시간에 여기는 왜 온다는가?"

"저녁은 잡쉈어요?"

"이, 일찌감치 먹었어. 경아가 통 밥을 안 먹어서 억지로 한 숟갈 떠밀어 넣었구먼."

뜰방으로 올라오는 세진엄마 목소리에 나는 고개를 깊숙이 파묻고 만다. 할머니에게서 나를 떼려는 세진엄마의 손을 팔꿈치로 뿌리치고 앙칼지게 움켜쥔 두 손을 가슴에 모은다. 무거운 절구질을 잘하는 세진엄마는 힘이 세다. 결국 할머니 등에서 떨어져 세진엄마 품에 안긴 채 마루에 앉는다. 앞뒤로 살살 몸을 흔들며 세진엄마의 손이 머리를 쓰다듬고 등을 토닥토닥 두드린다. 폭신한 세진엄마의 가슴팍이 서서히 젖어 든다. 토닥토닥하던 손이 잠시 떨리다 길고 부드럽게 머리부터 등을 쓸어내린다.

"우리 세진이가 별 그림을 참 좋아했어. 연경이 언니가 그려준 거라고. 이건 엄마별, 저건 연경언니별, 가장 작은 건 아가별 세진이…."

한동안 말이 없어진 세진엄마의 큰 손이 내 주먹을 감싸더니 두 번째 손가락을 펼쳐 하늘을 가리킨다.

"저기 저 별 보여 연경아? 세진이는 아가별이 정말 되고 싶었나 봐."

깜깜한 하늘에 호박처럼 샛노란 작은 별 하나가 반짝인다.

단풍국 블리야

단칸방에서 아이 셋을 키우던 나의 부모님은 태어난 지 얼마 되지 않은 막내였던 나를 시골로 보냈다. 그리고 얼마 후 동생이 태어났다. 외할머니와 마을 어른들의 보호 아래 자연에서 뛰어놀며 대체할 수 없는 유년의 기억을 갖게 되었지만 사는 동안 정서적 공허도 함께 했다. 학교에 들어가면서 돌아온 가족 품이 때로는 섞이지 않는 물과 기름처럼 느껴지곤 했다. 외갓집에 가고 싶어 방학이 빨리 오길 바라며 학기를 보냈던 기억이 가득하다.

살면서 어떠한 선택의 여지조차 없는 상황을 마주할 때가 있었다. 갓난아이였던 내가 가족과 떨어져 성장하게 된 것처럼 말이다. 어쩔 수 없는 선택의 기로에 놓인 순간도 있었다. 캐나다에 온 것도 그런 갈림길에서 한

선택이었다. 불안과 초조가 따랐지만 주어진 상황에서 또 다른 길을 찾게
되었다.

Life is not about finding yourself.
Life is about creating yourself.

인생은 나를 '찾아가는' 여정이 아니라 나를 '만들어가는' 여정이다. 캐나
다에서 이방인으로 살면서 '나는 누구인가'라는 질문이 왔을 때 만난 이
글귀는, 끝이 없을지도 모르는 정체성에 대한 고민으로부터 나를 해방시
켜 주었다. 내 앞엔 오로지 오늘에 의미를 더하고 더 나은 삶을 만들어갈
나의 선택만이 있었다. 나는 오늘도 나를 만들어가는 여행을 하고 있다.

다섯 번째 이야기

꿈의 독립

"내 속에서 솟아 나오려는 것, 바로 그것을 나는 살아 보려고 했다."
— 헤르만 헤세, 『데미안』

부모에게 넘치는 사랑을 받고 자란 자식은 부모의 기대에 부응하기 위해
안간힘을 썼다. 인정받는 느낌은 살아가면서 얻는 그 무엇보다 달콤했다.
부모로부터의 인정은 특히 그랬다.

어릴 적 사진

부모와 자식 관계는 항상 어렵다. 자식은 아낌없이 사랑을 받는 존재라지
만, 많은 사랑을 받은 자식은 받은 사랑만큼 돌려주어야 한다는 의무감을
키우고 있었다. 부모에게 최고로 자랑스럽고 착한 딸로서 효도하고 싶은
마음이 자라났다.

성인이 되어서도 부모의 기대에 부응하고 싶었다. 대학생활, 취업과 관련해 부모의 걱정을 뒤로하고 스스로 원하는 선택을 할 때면 괜히 찜찜한 마음이 들었다. 그래서 끊임없이 내 선택이 정당했음을 주장하며 부모를 설득하고 이해시키고자 했다. 그 과정에서 의견이 여러 번 충돌하며 설득의 한계와 괴로움을 느꼈다.

그러던 어느 날 문득 내가 가진 기질과 성향, 그리고 살고자 하는 삶의 방향성이 부모의 바람과 상충됨을 깨달았다.

나는 어렸을 때부터 새로운 것에 대한 호기심이 많았고 안정보다는 도전을 추구했다. 해보고 싶은 도전이라면 위험을 감수하더라도 어떻게든 시도하려는 기질을 갖고 태어났다.

반면, 부모가 원하는 자식의 삶은 대학 졸업 후 번듯한 직업과 안정적인 가정을 가진 삶이었다. 내 자식이 고생을 최대한 하지 않았으면 하는 마음, 번듯한 직장에 들어가 사회에서 인정받으며 누리고 살았으면 하는 마음, 좋은 짝을 만나 얼른 결혼하고 자식을 낳고 살아갔으면 하는 마음이었을 것이다.

내가 성인이 되어 스스로 내린 선택지들에 공통점이 하나 있었는데 바로 '사서 고생을 하는' 것들이었다는 점이다. 게다가 대부분은 사회적 시선에서 딱히 매력적이지 않았다. 예를 들어 커리어나 스펙과 관련 없는 것들.

나는 계속해서 부모의 눈에는 이해되지 않는 고생길로 접어들었다.

대학에 들어간 후, 취업에 관련된 스펙을 쌓는 대신 3년간 응원단 활동에
매진했다. 중간에 개인적인 사고로 발목에 철심을 박았을 때, 발목이 불구
가 될 수 있는 위험을 감수하고 끝까지 현역 생활을 했다. (다행히 발목은
현재 정상이다.) 왜 그렇게까지 했냐고 묻는다면 글쎄… 그 당시 내 마음
의 소리를 따라갔을 뿐이다. 무대 위에서 2만명의 학우들과 하나가 되어
응원할 때 '살아있음'을 강렬히 느꼈다.

교환학생을 가는 대신 100만원을 들고 무작정 워킹홀리데이를 떠났다.
무작정 일하고 싶은 가게에 들어가 매니저를 찾고 '헬로우~ 아임 룩킹 폴

더쫍~' 을 외치며 이력서 발품을 팔았다. 그렇게 이력서 100장을 돌렸고 1년간 농장 패커, 바리스타, 바텐더, 웨이트리스 직업을 경험했다. 번듯한 스펙보다는 '무인도에 떨어뜨려놔도 잘 살아남을 수 있지 않을까?' 하는 자신감을 얻고 돌아왔다.

워킹홀리데이

대학 졸업 후에는 주변 모두가 취직을 희망하는 대기업 준비를 과감히 포기했다. 대신 야근이 많다고 소문이 자자했던 광고대행사에 바로 취직했다. 하루 빨리 짧고 굵게 실무를 배워서 나중에 사업을 할 생각이었다. 생각보다 야근이 살벌했던 터라 심할 때는 아침에 머리만 감고 다시 회사에 출근했다. 약 5년간 마음고생, 몸고생을 많이 했다. 그리고 1년 반 전 회사를 나와 그간 배웠던 실무를 활용해 사업을 시작했다. 사업을 시작하니 모든 게 어렵고 새로운 탓에 또 다른 고통이 밀려왔다. 그러면서도 동시에 살아있음을 느꼈다.

한번 선택을 내린 뒤에는 굳이 뒤를 돌아보지 않았다. 내가 선택한 길이 최고였냐고 묻는다면 감히 그렇다고 하진 못하겠다. 다만 확실한 건 나에겐 최선의 선택이었다. 내가 선택한 경험 하나하나가 나에게 '살아 있음'을 느끼게 해주었기에 결과가 어떻든 최선을 다할 수 있었다.

문제는 사서 고생하는 경험들이 늘어날수록 부모님의 걱정도 늘어났다는 것이다. 고생길이 훤한 딸의 발자취를 보며 마음이 아프기도 하고 답답하기도 하셨을 것이다.

부모의 바람과 자식의 선택은 계속 어긋났고, 마침내 자식은 꿈의 독립을 선언했다. 부모의 바람에서 벗어나 완전히 나의 직감과 기질에 따라 살아가기로 결심을 하기까지 오랜 시간이 걸렸다.

꿈의 독립까지 오랜 시간이 걸렸던 이유는 부모님을 향한 깊은 애정과 인정받고 싶은 욕구 때문이었을 것이다. 내가 원하는 삶을 살면서 동시에 부모님과 계속 잘 지내고 싶은 마음. 또 이왕이면 부모님께 인정받고 싶은 욕심. 부모로부터의 인정 욕구는 넓게 보면 사회로부터의 인정 욕구이기도 했다.

모든 것이 뒤죽박죽인 고민을 안고 살았다. 그러다 문득 우선순위가 떠올랐다. '나의 행복'. 내가 진정으로 행복할 수 없다면 나를 둘러싼 환경도 행복할 수 없다. 그렇다고 행복한 '척', 잘 사는 '척' 하는 자식이 되긴 싫었다. 나의 행복을 중심에 두고 나와 부모를 포함한 내 공동체가 모두 행복할 수 있는 새로운 방법을 강구해보기로 했다.

부모가 원하는 최고의 삶이 아니라 내가 행복한 길을 따라 최선의 나로서 살아갈 결심을 했다. 여전히 부모님을 사랑하지만, 서로를 위해서 부모의 사랑과 자식의 삶은 구분되어야 했다. 그것이 나와 내 공동체의 행복을 위한 장기적인 선택이라는 결론을 내렸다.

사랑 가득한 조언들이 더 이상 자식에게 소용이 없다는 걸 알게 되자 부모님의 눈은 서운함으로 가득 찼다. 어릴 적 말을 잘 듣던 딸이 이제 모든 걸 알아서 하겠다고 하니 많이 서운하셨음이 틀림없다. 서로의 행복을 위해 꼭 거쳐야 했던 과정이지만, 그 과정이 고통스러웠던 게 사실이다. 넘치도록 받은 부모의 사랑에 대한 마음의 빚, 착하고 자랑스러운 딸로 인정받고 싶은 욕심. 이것들이 계속 발목을 붙잡았다.

최고의 조언을 뒤로하고 자신의 삶을 고집하는 자식을 부모는 이해할 수 없었다. 자식 역시 자식이 행복한 길을 계속 만류하는 부모의 생각을 이해할 수 없었다. 몇 년을 걸쳐 많은 다툼과 이야기가 오고 갔다.

부모와 자식은 끝끝내 서로를 이해하지 못했다. 다른 세대에 태어나 다른 경험들을 하며 자랐기에 서로를 완전히 이해한다는 것은 불가능한 일이었다.

다만, 서서히 깨달은 한 가지가 있었다. 부모와 자식관계의 정답은 서로를 이해하는 것에 있지 않았다. 부모와 자식이 함께 나아가기 위해서는, 서로를 이해하는 것보다 서로를 존중하는 관계로 나아가야 했다. 여전히 서로 다른 방향을 바라보고 있었지만, 그럼에도 서로의 생각을 조금씩 존중해주기 시작했다.

그렇게 꿈의 독립을 선언하고 고개를 들었을 때 그곳에 더 이상 엄마, 아빠, 자식은 없었다. 세 명의 어른이 서로의 어깨를 토닥이며 나란히 서 있었다.

가장 최근 근황을 털어놓자면 세계에서 가장 힘들다고 소문난 사하라 사막 마라톤 250km를 완주했다. 8년간 버킷리스트로 품고 있던 꿈을 하나 이루는 순간이었다.

귀국 후, 사랑하는 사람들을 모아 사하라 사막 마라톤 토크쇼를 열었다. 부모님도 그곳에 계셨다. 사막 마라톤 경험담을 나눈 뒤 아버지의 소감을 듣는 시간이 있었는데, 그때 아버지의 표정과 말씀을 잊지 못한다. 환한 표정과 함께 우리 딸의 한계를 더 이상 상상하지 않겠다던 아버지의 모습.

그렇게 우리는 알게 모르게 조금씩 같은 방향을 바라보기 시작한 걸지도.

찐파워

세상에 대한 호기심이 많고 '굳이?' 라고
생각이 드는 도전들을 좋아합니다. 최근
사하라 사막 기부 마라톤 250km를 완주
했습니다. 죽기 전까지 끊임없이 도전하
고 성장하기를 꿈꿉니다.

눈물 나도록 잘 살고 싶습니다. 적어도 내
자신에게 후회스럽지 않도록. 제 속에서
솟아 나오려는 것, 바로 그것을 저는 살아
보려고 합니다.

그 과정에서 나와 내 공동체가 모두 행복
했으면 좋겠습니다. 그것이 가능하다고
굳게 믿습니다. 전우익 작가님께서 말씀
하셨죠. "혼자만 잘 살믄 무슨 재민겨…"
제 삶의 끝은 어떻게 될지 모르겠습니다.
다만 그 끝에는 저와 저를 둘러싼 것들이
모두 밝게 빛나길 바랍니다. 제 눈물 자국
이 담긴 발자취가 또 다른 누군가에게 용
기와 위로가 되길 바랍니다. 옷깃이 스친,
혹은 앞으로 스칠지 모르는 모든 인연이
행복하기를 진심으로 바랍니다.

도전 이력:

1) 인생에서 가장 잊지 못할 도전
 – 고대 응원단 부단장 활동

2) 인생에서 가장 무모했던 도전
 – 100만원 들고 무작정 떠난
   호주 워킹홀리데이

3) 주변에서 가장 말렸던 도전
 – 사하라 사막 마라톤 250km 완주

여섯 번째 이야기

COCOON

냉동실에서 꺼내 해동시킨 간장 게장은 볼품없었다.
너는 나흘 전 홈쇼핑 화면에서 보았던
반짝거리는 꽃게를 기억했다.

얼음에 바짝 메마른 네 눈앞의 꽃게는
그것과 영 딴판이었다.
냉동실에서 영혼을 잃어버린 것이 분명하다고 생각했다.

식구들이 간장게장을 허겁지겁 먹어 치우는 사이
너는 젓가락을 끄적거릴 뿐이었다.
접시와 밥그릇 사이에 무수히 떨어진 간장 자국을 보며
묘한 혐오감이 들었는지 인상을 찌푸린다.
배는 고팠지만 젓가락을 들 순 없었다.
축축하지만 바짝 마른 게장이
꼭 너의 처지와 같다고 생각한 모양이다.
네 것이지만 네 것이 아닌 것들에 대해 생각에 잠겼다.

화려한 소파,
사륜구동 SUV,
반짝거리는 반지,
로터리클럽의 최고급 회원권.

모든 것을 하나씩 벗겨내면
결국 넌 말라버린 게장과 다를 바 없는 것이다.

보석 같은 고치에 쌓여
정작 너는 거꾸로 변태하고 있는지도 모르겠다.

유충이 성체가 되기 전에
고치 속에서 자신의 몸을 전부 녹여버리듯,
너는 지금 녹아가고 있는 것인지도 모르겠다.
본래의 네가 누군지를 잊어가며.
화려한 고치는 썩 나쁘지 않았다.

끊임없는 불안,
느닷없는 공황,
불안정함,

조울에서부터 너를 포장해 주었기 때문이다.
너의 검푸른 속살이 드러나 내장이 쏟아지려 하면,
급히 숨을 수 있는 은신처도 돼 주었다.
누가 보아도 화려하고 아름다웠다 넌.

그것에 감사해야 마땅 했다.
진창에서 너를 구원한 유일한 수단 이었을지 모르니.
진창에서 건져진 대신 너는
네 안의 커다란 무엇인가를 대신 지불 했고,

제 발로 고치 안에 들어갔다.
그래. 그건 너도 인정하는 사실이겠지.

제 발로 들어간 너의 고치에
난 몇 번 손을 넣은 적이 있다.
네가 내 손을 잡아주길 바랐다.
진창으로 돌아와 주길 바랐는지도 모르겠다.
너의 웅크린 모습이 역광에 얼비칠때면,
난 네가 그리웠다.
낱낱이 모두 그리움이 되어 널 기다렸다.
진창에서 네 본래의 모습과 마주하기를 바랐다.
진창 일지언정 살과 살이 맞닿길 바랐다.

어느 이는 네가 고치속에 제발로 들어간 것을 타박했고,
어느 이는 그 선택에 가끔 괴로워하는 너를 한심하게 여겼다.
난 전자도 후자도 아니었다.
그저 네가 너이기 바랬을 뿐이다.
성충이 되겠다고 번데기가 되기를 자처한
너의 선택을 존중할 수 밖에.
하지만 넌 여전히 고치 안에서 꼼짝을 못하고 있다.
고치 속에서 움직일 때마다
네 맨살에 닿는 고치의 소름 끼치는 감촉은

영원의 시간 동안 적응이 되지 않을 것처럼 보인다.

다정한 접촉,
살가운 접촉,
위로의 접촉,
때론 타의적인 접촉까지 모두 같은 의미로 다가온다.

몸을 웅크리고 최대한 정 가운데 위치하려고 애써보지만,
피할 수 없는 날은 언젠가는 존재하기 마련이다.

타인이 보기에 아무렇지 않은 번데기와
고치의 접촉은 너에게 폭력에 불과했다.

왜 아무것도 먹지 않느냐는 타박에,
너는 가장 커다란 꽃게의 몸통을 집어 들었다.
그것의 등 껍데기와 몸통을 분리하고,
아가미를 떼어낸 뒤,
내장을 싹싹 긁어 먹어대기 시작한다.

거무죽죽한 내장을 자연스레 먹는 것을 연기하느라
너는 꽤 애를 먹었다.

몸통을 있는 힘껏 쥐어짜서
게걸스럽게 이로 몸통을 씹어먹는 일 또한 마찬가지였다.

과연 네 자신이 선택할 수 있는건
몇 가지나 되는지 생각하면서 게를 먹기란
비단 쉬운 일은 아니었다.

게는 결국 텅 비어 버렸다.

껍데기만 남은 그것은 마치 너와 닮아 있었다.
네 것도, 내 것도 아닌
세상 속에서 내가 선택할 수 있는 건 많지 않았다.
오늘도 주어진 것을 씹어 삼킬 뿐이었다.

몸통을 쥐어짜며 억지로 먹던 내장은
더 이상 게살도 아니고, 간장의 짠맛도 아닌
기이한 뒷맛을 남겼다.

그것은 익숙했지만,
아무리 삼켜도 목구멍을
긁고 내려가는 느낌을 떨칠 수 없었다.

껍데기를 쌓아두고서도,
이제는 배가 고팠다.

비워지지 않는 허기가
고치 속에서의 시간처럼 끝나지 않을 것만 같았다.
고치의 안과 밖이,
간장게장의 껍질과 속살이 서로를 닮아가듯
너는 그저 주어진 것을 삼키며 살아가야 하는 존재일 뿐이다.

하지만 문득, 남은 껍데기를 바라보다가 생각했다.
너는 정말로 이것 말고는 선택할 수 있는 것이 없었던 걸까?

텅 비어버린 껍데기를 들여다보면서도,
너의 속은 여전히 가득 차 있지 않았다.
하지만 그 속이 무엇으로 채워져야 하는지는
아무도 알려주지 않는다.
어쩌면 그 답을 아는 이는 아무도 없는지도 모른다.
고치 속에서 웅크리고 있는 너는 여전히 배가 고팠고,
여전히 가야 할 길이 보이지 않았다.

그럼에도 불구하고,
너의 손은 다시 젓가락을 향해 움직이고 있었다.

너의 살이 아닌 것을 다시 삼키기 위해,
또 한 번의 선택 아닌 선택을 위해.

GLOOMY relay 100

한나

당신과 이야기 하고 싶다.
따뜻한 냉소주의에 대해서,
사랑하며 얻는 슬픔에 대해서,
시니컬에 숨겨진 포용에 대해서.
무라카미 하루키의 인생을 관통하는 그 필력에 대해,
쥐스킨트가 써 내린 건조한 문장에 담긴 습도에 대해,
알랭드보통의 재치 있는 글에 숨어있는 불안에 대해.
〈바깥은 여름〉의 섬뜩한 문장이 무엇을 이야기하는지,
〈나의 아름다운 정원〉에 여동생의 짧은 인생에 대해,
정호승 시인의 도요새와 산의 그림자는 외롭지 않을 순 없었는지.
그리고 왜 나는 어른이 되어가는 시간 동안 이런 것들을 사랑하게 되었는지.

103

일곱 번째 이야기

인형수선사

인형의 오른쪽 눈썹을 그리지 못하겠다. 마지막으로 인형을 만진 사람이 어떤 표정으로 자신의 손에 든 인형을 바라보고 있었을지 상상해 본다. 손때 묻은 인형에 남겨진 마음의 깊이를 짐작할 수 없어 결국 미완의 상태로 창가로 옮긴다. 햇살이 포근하게 내려앉은 인형의 머리 위에는 빛의 화관이 드리워진다. 한참을 말없이 바라본다. 누군가의 사랑을 받았을, 애착 어린 손길을 받아 지워진 인형의 눈썹과 눈에 자신을 덧입혀 본다. 상처받지 않은 어린 날의 눈동자를 떠올려 보지만 이미 지워진 날들은 기억의 방으로의 회귀를 거부한다. 텅 비어버린 껍데기처럼 남아 있는 공간들을 어떻게 채울 수 있을까? 마음에 스며드는 허기가 채워지지 않는다.

갑작스레 찾아온 우울의 그림자를 몰아내기 위해 은영은 가만히 눈을 감는다. 눈을 감고 있으니 바깥에서 들리는 사람들의 목소리가 저마다 다른 음으로 귓가를 두드린다. 봄이 다가와서인지 월명공원을 찾는 사람들이 늘고 있다. 월명동에 자리를 잡은지 벌써 6년이 넘었다. 태어난 곳도 아니고, 자라온 공간도 아니다. 그럼에도 이 곳을 선택한 것은 낡음 때문이었다. 시간의 결이 켜켜이 새겨진 공간에 남아있는 사람들의 발자국이 좋아서이다. 충동적으로 떠난 여행에서 우연히 들른 군산이라는 도시에 매료되어 작업실을 세울 공간으로 정했다. 사람들의 넉넉한 인심과 바다와 육지 모두를 누릴 수 있는 공간적인 이점이 은영을 이곳에 머물게 했다. 작업실을 열고 빈티지 필름 카메라로 촬영한 작업실 외부의 내부 소품 사진들을 현상하러 갔다가 현상한 사진들을 초원사진관 안에 게시하게 된 이후로 입소문을 타면서 부터였다. 그곳에 놓인 사진들을 보고 은영의 작업실을 찾는 이들이 부쩍 늘었다.

 찾아오는 손님들의 부탁으로 작년부터 시작한 인스타그램의 계정을 팔로잉하는 이들이 은영에게 말하는 공통점이 있다. 은영의 작업실 〈솜뭉치〉에 오면 어린 시절 느꼈던 따뜻하고 행복한 기분을 다시 누릴 수 있어서라고 한다. 은영은 공장제 생산품에 익숙해져 부서지거나 고장이 나면 고치기보다 새것으로 대체하는 것을 더 선호하는 세대들이 자신을 찾아오는 것이 신기했다. 아날로그 방식을 선호하는 사람들이 늘어가는 이유가 너무 빨리 변해가는 세상에 대한 거부감 때문일지도 모르겠다는 생각을 한다. 자신만의 특별하고 소중한 추억들이 담겨있는 존재를 아껴주는 마음이 더 많아지면 좋겠다. 그렇게만 된다면 우리 지구가 조금 더 포근해지지 않을까? 은영은 창밖으로 펼쳐지는 낡은 골목길을 바라보았다. 시간을 덧입으며 낡아가는 도시를 살리는 건 쇠락의 흔적을 지우고 새것으로 대체하는 것이 아니라 보존이었다. 근대역사문화 경관지구 사업을 벌인 군산시 덕분에 마치 1930년대의 일부로 시간여행을 떠나는 기분을 느끼고자 오는 관광객들로 도시는 더욱 활기차게 변모하고 있다. 옛것의 보존, 기억. 그리고 추모. 시청과 함께 가장 힘든 일을 같이하고 있다는, 시청 직원들은 전혀 모를 동지 의식이 생긴 은영은 살며시 미소 지으며 크게 기지개를 켰다.

 차랑차랑. 문에 걸린 풍경 소리가 맑게 울려 퍼진다. 은영은 인형을 한번 더 매만져 준 다음 문 쪽으로 고개를 돌렸다. 석상이 서 있다. 미켈란젤

로가 거대한 대리석을 채취한 뒤 성글게 다듬어 옮겨 온 대리석 원형을 닮았다. 무엇이든 만들 수 있을 것만 같은 여백처럼 희고 맑은 얼굴의 남자가 문 앞에서 난감한 표정으로 그녀를 보고 서 있다.

"안녕하세요, 어떻게 오셨나요?"

"아, 저는 박준현이라고 합니다. 이곳에서 오래된 인형도 수리하신다고 해서요. 네이버 블로그에 나와 있는 작업실 주소를 보고 찾아왔습니다. 음, 사장님의 손길이 필요한 솜뭉치를 들고요."

석상은 오른손에 들린 제법 큰 크기의 꾸러미를 들어 보인다. 지극히 여성스러운 공간에 들어선 남자 특유의 어색함과 어찌할 바를 모르는 모습을 보니 은영은 슬며시 웃음이 나온다. 그 와중에 은근히 건네는 재치 있는 농담이라니. 쭈뼛거리며 조심스레 발걸음을 옮기는 준현의 모습이 어쩐지 어린아이 같아서 낯선 남자를 보면 저도 모르게 굳던 몸이 서서히 이완된다. 은영이 따뜻한 차를 내오며 어떤 인형인지 보여달라 말하자, 강보에서 갓난아이를 품에 안 듯 조심스럽게 봉투에서 인형을 꺼내 내민다. 준현의 신중한 손길이 인상적이다.

그가 보여주는 인형은 족히 백 년 이상은 되어 보이는 구체 관절 인형이다. 인형의 머릿결도 인공이 아닌 인간의 모발을 사용한 듯 보이고, 인형옷에 수놓아진 수의 결 또한 평범한 장인의 솜씨가 아니다. 다만 유래를 알 수 없는 얼룩들이 군데군데 묻어 있다. 볼을 물들인 검붉은 흔적은 피부결이 벗겨진 상태로 본체에 스며들었을 가능성이 큰 데다가 옷이나 장신구에 어울리는 비슷한 종류의 천이나 장식들은 찾기 어려울 것 같다는 생각이 먼저 든다. 한참을 말없이 살펴본 은영은

"제가 보기에 아무리 짧게 잡아도 제작한 지 족히 70년에서 80년은 넘은 것 같아요. 이 인형을 최선을 다해 수리한다고 해도 수리비가 인형 자체를 하나 주문 제작하는 것보다 더 나올 수 있어요. 그래도 이 인형, 수리를 맡기시겠어요?"

"이 인형이 제 할머니께서 평생을 갖고 오신 아버지에 대한 유일한 기억이자, 추억이라 들었습니다. 그런 할머니께서 지금 알츠하이머병을 진단받고 서서히 기억을 잃어가고 계십니다. 몸도 많이 쇠약해지셨구요. 할머께 특별한 선물을 드리고 싶습니다. 비용 생각하지 마시고, 최대한 원래 상태에 가깝게 수선 부탁드리고 싶습니다. 제발 허락해 주세요."

손주가 할머니를 위해 이렇게 정성스럽게 선물을 준비할 수 있다는 것에 살짝 부러워진다. 가족 간의 유대감이 얼마나 크고 깊길래, 할머니의 추억을 위해 손주가 이런 수고를 할 수 있을까? 준현의 진중하고 간절함이 담긴 부탁의 눈빛에 이끌린 은영은 수리해야 하는 인형이 7개나 있음에도 불구하고 그만 수락하고 말았다. 슈렉의 장화 신은 고양이의 필살기, 동공이 단팥처럼 까맣게 반짝이는 애처로운 눈빛을 다 큰 남자에게 볼 줄이

야. 필요한 도구들을 마련하는데 걸리는 시간을 알아보고 수리 일정에 대해 다시 통보하겠노라 약속한 뒤 서둘러 그를 배웅했다. 그의 목소리를 들을 때마다 이상하게 배가 간지러워서 더 이상 같이 있을 수가 없었다. 느릿하지만 또렷한 발음을 따라 터져 나오는 그의 숨이 볼을 간질이는 것 같았다. 배속에 나비떼가 춤추는 것만 같은 생경한 느낌에 은영은 그런 마음을 떨쳐내듯 문을 자신도 모르게 세게 닫아 버렸다. 달각, 경쾌한 소리를 내며 닫히는 문의 잠금쇠를 바라본 뒤에야 심박수가 제자리를 찾는다.

테이블 위에 앉은 채로 올려진 인형을 본다. 유리구의 눈동자에 세월의 때가 묻어 백내장이 시작된 인간의 눈처럼 뿌옇다. 그럼에도 오래 사랑 받아온 물건 특유의 온기가 가득한 상태로 허공을 응시 중이다. 은영이 엄지로 인형의 볼을 문지르며 다정한 어조로 말을 건넨다.

"아일라, 이름 어때? 터키어로 달빛이란다. 네 얼굴이 하얗고 둥근 달을 닮았네. 이름 맘에 들어? 오늘부터 너를 아일라라고 부를게. 우리, 목욕 한번 제대로 해보자. 멋지게 차려입고 얼른 주인님께 돌아가자."

인형의 옷을 조심스레 벗겨내는데 약간만 손에 힘을 주었을 뿐인데도 솔기가 뜯어져 버린다. 벗겨낸 옷을 살펴보니 소유자 본인이 수선했었는지 여러 종류의 실들이 섞여 처음 살펴본 상태보다도 훨씬 더 엉망이었다. 수선을 위해 솔기 하나를 뜯어내는 것도 쉽지 않아 고심했다.은영은 인형의 옷들이나 이음새를 실체현미경으로 살펴보며 기록하고 마이크로렌즈로 사진 촬영을 한 뒤 갖고 있는 옷감들과 비교해 보기 시작했다. 원본과 가장 근접한 무늬와 재질의 옷감으로 옷 전체를 다시 만드는 것이 가장 빠른 수선 방법이란 판단 때문이었다. 하지만 그간의 흔적들을 모두 지워버리고 인형을 수선하면 현재 치매 증상이 있는 할머니에게 인형이 낯선 존재가 되어버릴 수 있다는 생각이 드니 모든 것이 조심스럽다. 더군다나 문제는 너무 오래전에 만들어진 인형이라 대체할 수 있는 옷감이 은영이 갖고 있는 종류 중에는 없다는 점이다. 아무래도 서울의 의류 수선업체에 연락해 봐야 할 것 같다. 일감이 하나 더 늘어난 은영은 저도 모르게 나오는 한숨을 눌러 참고 인형의 머릿결부터 시작해 하나씩 수선할 목록들을 적기 시작했다. 다음날 오후가 되어서야 은영은 오래 거래해 온 의류 수선업체에서 인형의 옷감과 가장 비슷한 천을 구할 수 있다는 확답을 받았다.

 답을 들은 은영은 과감하게 인형의 옷들을 잘라냈다. 인형 속을 살펴보며 진단한 결과 삭아버린 인형의 마디들을 새로 만들어 이어야 하고, 얼굴의 착색된 흔적들도 벗겨내고 다시 칠해야 한다. 때로는 인형 하나를 새로 만드는 것이 빠를 때도 있지만 정성 어린 손길 속에 원래의 모습을 찾아가는 인형을 보는 것은 은영에게 큰 의미를 부여하는 작업이다. 더럽고 때가 묻은 인형이 깨끗하게 복구되는 과정에서 그녀는 자신의 내면에 남은 상처를 다스리는 소중한 치유의 순간을 갖는 기분이 든다.

 중학교 3학년, 하굣길에 폭력배들에게 당한 일로 인해 생긴 상처로 오랜
시간 그녀는 집 밖으로 나오지 않고 사람들을 만나는 일을 피했다. 입시
를 목표로 준비하던 발레도 그만두고 집안에만 있으며 매일 울고 있던 그
녀를 밖으로 꺼내준 건 사촌 언니가 내민 구체관절인형이었다. 특별 주문
제작해 만든 인형은 은영이 마지막으로 나간 콩쿠르에서 입었던 발레복을
입고 있었다. 인형은 그녀가 입은 상처는 전혀 보이지 않는 순결한 상태로
여전히 환한 미소로 은영이 잡아주는 대로 발레 동작을 따라 한다. 그 모
습이 은영에게 커다란 위안으로 다가왔다. 악몽으로 바뀐 현실을 잊게 하

는 위로들로 은영은 한참 만에야 방 밖으로 나올 수 있었다. 엄마의 간절한 부탁으로 다녔던 심리치료실에서도 은영은 인형이나 다른 무엇인가를 만드는 일에 특별히 열중했다. 모르고 있던 뜻밖의 재능의 발견이랄까.

 배우고 싶은 일들이 더 많이 생겼다. 디자인스쿨을 다니며 의복 디자인에 관해 배우기도 하고, 혹시 모를 유학을 위해 영어와 스페인어도 배웠다. 그날을 잊기 위해 조금만 호기심이 생겨도 달려들어 배우는 일들로 그녀는 상처를 누르고 기억의 문을 닫아두는 방법을 익혀갔다. 처음으로 수리를 맡아 완성해서 전해준 인형을 받아 든 이의 환한 표정에서 은영은 말할 수 없는 위안을 받았다. 자신이 새로 태어나는 기분이 들었다. 사랑하는 존재를 되찾은 이들의 기쁨이 그녀의 심장을 다시 뛰게 했다. 누군가에게 이런 마음을 계속해서 전할 수 있다면 얼마나 좋을까, 그 작은 바람이 그녀가 자신을 가두었던 슬픔의 방 밖으로 나올 수 있게 만들었다. 인형들의 동그란 얼굴이 어둠 속 밝게 빛나는 달처럼 세상을 헤쳐 나가는데 필요한 나침반이 되어 은영을 앞으로 나아갈 수 있도록 이끌어 주고 있는 셈이다. 지금도 어두운 골목에서 서둘러 걸어 나오는 인영이나 여러 개의 발자국이 만드는 소리에 흠칫 놀라 굳어버린 채 식은땀을 흘릴 때가 종종 있지만 자신이 수리하거나 만드는 인형들을 떠올리며 굳은 몸을 풀고 다시 걸어갈 수 있게 되었다. 이런 마음을 가진 은영이기에 인형을 지금까지 지켜온 이름 모를 할머니의 삶에 큰 위안이 되었을 순간들이 담겨있는 모든 것들을 하나라도 허투루 다룰 수 없었다.

 은영은 신중하게 인형의 외피를 분리하고 내부를 확인하던 중 이상한 점을 발견했다. 옷을 벗겨낸 인형의 배 부분에 묘한 유격이 있는 것이 보였다. 매끈한 맞물림으로 정교하게 조립된 다른 부분에 비해 오른쪽 배 아랫부분은 급하게 떼어냈다 붙인 듯 맞물린 부분이 비틀려 있다. 처음에는 괜찮았겠지만 손때가 묻고 이리저리 옮겨지는 동안 틈이 조금씩 더 어긋나게 되며 이런 결과가 나타난 것만 같다. 저 부분을 떼어낸 뒤 다듬어 다시 조립하는 게 낫겠다 싶어 도구를 이용해 떼어보려는데 쉽지 않다. 접착제를 발라둔 흔적도 보인다. 보통 하나하나 설계해서 조립하는 인형에게는

이런 부분에 유격이 생길 이유가 없기에 은영은 더 큰 호기심이 생겼다.

여러 번 시도 끝에 드디어 달칵 소리와 함께 분리된 조각. 꼭 도려낸 달걀 껍질처럼 떨어져 나온 조각을 집어 의기양양한 미소를 머금고 다시 원래 자리에 대어 보는데 인형 몸통 안쪽으로 붉은 천 조각이 보였다. 핀셋을 이용해 조각을 꺼내보려고 했다. 어딘가에 걸린 듯 쉽게 나오지 않는다. 조심스레 핀셋을 밀어 넣는데 끝에 무엇인가 닿는 것이 느껴진다. 톡톡 두 드리며 확인한 결과 딱딱한 물체가 안쪽에 있는 것 같다. 오즈의 마법사에 등장하는 양철통의 텅 빈 가슴에는 사랑과 용기가 있다는데 이 녀석의 뱃 속에는 대체 무엇이 있길래 나오지 않고 이렇게 애를 먹이는지 은영은 미 간을 찌푸리다 핀셋을 오른쪽으로 비틀어 천 조각을 낚아채듯 앞으로 당 겨보았다. 그러자 푹, 뽑혀 나오는 천 조각. 뒤따라 달그락 소리를 내며 쏟 아져 나온 물체를 보고 은영은 숨을 들이켰다. 창문을 통해 쏟아져 들어오 는 햇살에 반짝이며 빛나는 것은 새끼 손톱크기의 다이아몬드들이었다. 영롱한 빛을 뿜어내고 있는 투명한 알맹이들이란. 생각지도 못한 물건에 놀라 은영은 입만 벙긋거렸다. 자세히 살펴보니 천 조각에 가려져 있던 기 름먹인 종이 귀퉁이가 보였다. 혹시나 삭아서 부서져 내릴까 봐 은영은 조 심스레 꺼내 들었다. 가운데가 반으로 접힌 작은 종이에는 必生. 玉. 단 세 개의 한자들만 있을 뿐이었다.

은영은 놀란 마음을 가다듬고 인형을 맡기고 간 준현에게 전화를 걸었 다. 연결이 되지 않는다는 안내가 나오자 연락해 달라는 문자를 남기고 전

화를 끊었다. 배속에 다이아몬드를 품은 인형이라니. 손바닥 위에 올려놓은 다이아몬드로 추정되는 물체 3개. 그리고 쪽지 아래 있던 천 아래에서 또 발견된 조그만 복주머니 속 금가락지 2개와 옥가락지 한 쌍. 가락지들의 세공은 전통혼례식을 치르는 인형 세트를 만들 때 조언을 구하기 위해 만났던 장인의 세공인 듯 정교하고 아름답다. 연꽃이 그려진 금가락지는 두 개가 하나로 합쳐진 상태로 조각된 듯 완결한 그림을 보여준다. 준현의 할머니는 이 사실을 모르고 계셨을 것 같다. 인형의 옷을 벗겨 옷을 빨려고 했어도 인형의 배부분 아래쪽까지 확인하며 미세한 유격에 대해 고민해 볼 만큼 일반인의 눈에는 잘 보이지 않았을 틈을 과연 눈치채셨을까? 그리고 지금 이 보석들은 감정가가 얼마나 되려는지, 발견한 보석들을 보고 준현은 어떤 표정을 지을지 은영은 도무지 감을 잡을 수가 없었다.

은영에게 설명을 들은 준현이 달려온 저녁, 자줏빛 공단 위에 올려둔 보석들을 바라보는 준현은 한동안 말을 잇지 못한다. 복잡한 표정의 그를 바라보다 은영이 말을 건넨다.

"보통은 이런 걸 횡재했다고 기뻐할 것 같은데, 왜 그런 표정으로 보석들을 쳐다보시는지 궁금하네요. 준현씨."

은영의 질문에 상념에서 깨어난 준현은 두 손으로 얼굴을 문지른 뒤 그녀를 바라보며 할 말을 고르는 듯 침을 삼킨다.

"제 할머니는 쉽지 않은 인생을 살아오셨어요. 할머니 5살 때 해방이 되고, 쉽게 말하자면 일본인의 현지처였던 할머니의 어머니와 단둘이 군산에 남겨졌죠. 당시 꽤 부유한 삶을 살았는데 그 부는 한국인들의 눈물과 고통이 있어야만 가능한 것들이었죠. 일본인들이 군산에서 떠나고 남겨진 모녀는 의지처가 사라지자 국밥집을 하며 근근이 사셨다고 들었어요. 욕도 많이 들었다고 하시더군요. 쉽게 말하면 몸 팔아 산 여자라고 말이죠."

그의 말을 듣자 한국 근현대사의 격동기가 무성영화 한 장면처럼 펼쳐진다. 얼마 전 방문했던 동국사 앞 근현대사박물관 안에 전시되어 있던 그 시대의 유물들과 사진들이 머릿속을 빠른 속도로 지나간다. 생생하게 펼쳐지는 연대기. 시간의 숫자들로 구분된 연도에는 사건만이 존재했었던 것은 아니었다. 사건으로 인해 삶의 행로가 바뀌어 버리거나 뒤틀린 사람들이 있었다. 역사는 커다란 명사로 남은 사건만 기록해 보여주고 준현의 할머니와 같은 수많은 사람들에 대한 기록은 개개인의 기억으로만 구전되기를 바란다. 준현의 말을 들으며 은영은 커다란 제목 아래 있었을 사람들이 조그만 점으로 여기저기서 돋아나 커지는 것만 같았다.

"그러다가 전쟁이 일어나고 피난길에 오르셨죠. 부산에서 차린 아주 작은 국밥집을 하셨는데 돈을 꽤 많이 버셨죠. 10년 뒤 굳이 군산으로 돌아오기로 결심한 증조할머니를 따라 할머니께서도 이곳으로 돌아오셨어요. 이름 들으시면 아실지도 몰라요. 지금도 제 아버지께서 운영 하고 계신 곳이니까요."

이제 점들은 은영의 작업실 앞 골목에서 조그만 구를 이루더니 준현의 목소리에 반응해 골목을 따라 굴러가기 시작한다. 구가 지난 자리마다 건물의 외피가 포장을 벗겨내듯 사라지고 1940년대 거리의 모습으로 되살아나고 있었다.

"군산에서 연 국밥집이 제법 입소문이 나서 잘 되어가던 때 할머니께서 그만 몹쓸 일을 당하셨죠. 일본인에게 호된 노역을 지시받던 남자에게서요. 증조할머니를 기억하고 있던 그가 딸이었던 할머니에게 대신 복수하듯 그런 일을 벌였어요. 일본인 아버지에 대한 원한이 자신에게 쏟아지던 폭력의 순간을 할머니께서 어떻게 이겨내셨는지, 저는 감히 상상조차 되지 않습니다. 할머니의 고통과 슬픔이요. 하지만 일어나셨어요. 그리고 더 열심히 일하셔서 증조할머니의 가게를 물려받아 지금의 사업체로 만들어 놓으셨죠."

살아가다 보면 우리가 의도하거나 생각하지 않은 변수들로 인해 타인의 행동에 대한 나의 대처, 혹은 결정권을 갖은 사람으로 직접 결정을 내려야 하는 선택의 갈림길에 놓일 때가 종종 있다. 선택이 또 다른 선택을 만들어내는 인과의 고리에서 누구도 자유로울 수 없는 것이 삶이다. 그러나 다른 이의 행동으로 인해 발생한 증오심과 오래 쌓인 분노의 폭발이 저항할 힘도 없었을 어린 소녀에게 가해지는 순간을 떠올리다 은영은 그만 자리에 주저앉을 뻔했다. 짐승들의 거친 숨소리가 끈질기게 따라오는 밤의 악몽이 자신을 덮치는 기분이었다. 그런 은영의 표정을 보지 못한 준현은 계속해서 말을 이어갔다.

"할머니의 모든 순간을 함께 해 온 인형이 저기 있네요. 배속에 보석을 품고 말이죠. 차라리 처음부터 그 안에 든 것들에 대해 할아버지께서 말씀해 주셨다면 증조할머니와 할머니의 고통이 좀 덜어지지 않았을까요? 혹은 끝까지 이것들이 있는 줄도 모르고 인형을 잃어버렸다면? 오히려 그게 속이 더 편하지 않았을까? 이런 가정들이 순간적으로 머릿속을 스치니 잠시 멍해졌어요. 적힌 문구는 더없이 애틋합니다. 아, 부담 될텐데... 저도 모르게 이런 이야기까지 말하네요. 죄송합니다."

준현은 바스락거리는 기름종이를 검지 손가락으로 가만히 누르면서 호흡을 고른다.

"이제 할머니는 매일, 하루가 다르게 기억이 지워지고 있는데 이 상황을 어떻게 설명해야 할까요? 정말 큰 고민이 생겨버렸네요. 이런, 은영씨. 괜찮아요? 식은땀까지 흘리고 있어요."

그제야 은영의 창백한 얼굴을 본 준현은 어찌할 바를 모르고 허둥대며 은영을 부축하기 위해 팔을 붙들었다. 그러나 악몽이 되살아 난 은영은 뜨거운 준현의 손이 팔에 닿자 소름이 돋아 자신도 모르게 그의 손을 쳐냈다. 쌀쌀맞게 느껴지는 그녀의 행동에 준현은 머쓱해져 말을 잇지 못하고 그녀만 바라보았다. 이런 상황을 그에게 설명할 수 없기에 한참 숨을 고르던 은영은 마침내 용기를 내서 말을 꺼낸다.

"괜찮으시다면, 할머니를 만나 뵙고 인형을 수리하는 것과 관련해서 말씀을 나누어도 될까요? 할머니에게 소중한 존재로 지금까지 이렇게 인형을 갖고 계셨다는 것만으로도 이 녀석은 기적의 생존을 한 셈이죠. 할머니 곁에서 가장 험난한 시간을 헤쳐 온 동지를 위해 우리들이 해줄 수 있는 가장 좋은 일이 무엇일까요? 이 안에 두 모녀를 위해 쪽지와 함께 이것들을 숨겨 둔 할머니의 아버지에 대해서 제가 직접 말씀드려 보면, 어떨까요?"

조금은 차분해진 호흡으로 말을 이어가던 은영은 잠시 준현의 눈을 마주하며 머뭇거렸다. 자신의 방법이 할머니에게 어떤 영향을 줄지 전혀 예측할 수 없기에 매우 조심스럽다.

"할머니를 위한다면 어떤 미화나 포장 없이 있는 그대로 발견하던 당시를 말씀드리는 게 가장 좋은 방법이지 않을까 싶어요. 어떻게 고치고 있는지도 말씀드리고 안심시켜 드리면 좋겠어요."

준현은 창백하지만 결의에 찬 은영의 표정을 보고 할머니를 만나는 걸 허락했다. 이튿날 처음으로 찾아가게 된 그의 집은 아늑한 느낌을 주는 전통 한옥이었다. 수송동에 이런 공간을 갖고 있는 집이 있었다는 걸 처음 알게 된 은영은 나무의 결이 아름다운 대문을 지나 안으로 들어서며 주변을 둘러보느라 정신이 없었다. 제법 커다란 정원은 앙증맞은 연못까지 갖추고 조그만 석등을 수호석처럼 한가운데 놓여 있었다. 철마다 다른 색들의 꽃이 가득할 것 같은 기분 좋은 예감으로 가득하다. 공들여 가꾼 공간에서 자신의 상처를 보듬어 안고 치유하며 살아온 한 여인을 만날 생각을 하니 심장이 저릿해 온다. 핏줄이라는 이유로 아버지의 죄를 묻는 사람에게 자신을 빼앗겼던 여인은 어떻게 다시 일어날 수 있었을까?

　삶은 도무지 짐작할 수 없는 의문부호들로 가득한 책 같다. 무심히 스쳐 지나가다 어느 날 미세하게 열린 틈을 통해 만나게 되는 이 책은 쉽게 넘기거나 읽을 수 없다. 가만히 문을 닫아걸거나 지금처럼 활짝 열린 책장으로 용기 내어 걸어 들어가거나 할 수밖에 없는 존재랄까? 은영은 자신이 너무 깊이 몰두하지 않기를 바라며 준현의 할머니께서 머무시는 방으로 향했다. 윤기 나게 닦여 있는 목재로 된 마루를 밟는다. 마루 위에 볼을 대고 누우면 온 집안의 소리가 서늘한 감촉과 함께 스며들 것 같았다. 드디어 방 앞에 다다르니 도란도란 울리는 목소리가 들린다.

"엄니, 이것 좀 더 잡솨봐요. 요새 통 입맛 없다고 안 자시면 제 속이 다 타들어 가요. 예?"

　간곡하게 애원하는 중후한 중년 남성의 목소리가 들린다. 아마도 준현의 아버지인 것 같다. 항상 가게가 바쁜 시간이 지나면 틈틈이 집으로 와 직접 어머니를 살핀다고 준현이 말해주었던 기억이 난다.

"우리 메이 어드로 갔어? 엄니가 옷 빤다고 가져 갔는디... 올 때까지 밥 안 묵을랑께!"

아, 할머니의 목소리가 뒤를 이어 흘러나온다. 처음 듣는 할머니 목소리에 가득 담긴 투정에 준현을 바라보자, 그는 난감한 표정을 짓는다. 좌우로 눈동자를 굴리며 이마를 짚는 모습이 제법 우스꽝스럽다. 본인은 할머니께 충분히 설명해 드리고 은영에게 인형을 갖고 온 것이라며 이런 식으로 호소하고 있는 것만 같아 은영은 웃음이 났다. 그가 난처해하는 모습이 어쩐지 즐겁다. 준현이 조심스레 문을 열자 큰 통창 앞 안락의자에 앉아 있는 할머니가 눈에 들어왔다. 햇살 아래 희게 빛나는 억새의 물결처럼 그녀의 인상이 은영에게 밀려든다.

달이 질 때
그냥 지듯
억새가 제 몸을 하얗게 버리는 것처럼
소멸하는 소리 들릴 때
한 편의 시는
저 혼자 오롯하다

언젠가 읽었던 오탁번 시인의 시가 떠오른다. 여인의 모습은 하얗게 변해 소멸해 가는 억새와 닮았다. 아니 어쩌면 풍화되고 있는 가을의 낙엽 같을까? 낯선 은영을 바라보며 고개를 갸웃할 때는 막 찐 감자에서 모락모락 올라오는 훈김처럼 잔머리들이 모두 삐져나온 상태라 천진스럽다. 은영은 저도 모르게 할머니에게 마음을 빼앗겼다. 투명하고 맑은 영혼이 자신을 바라본다. 이런 분이 평생을 갖고 있던 인형을 지금 자신이 수리하고 있다는 생각을 하자 인형에 묻어 있던 정성스러운 손길이 커다란 추가 되어 은영의 마음을 누른다.

"할머니께서 낯선 분에게 경계심이 강합니다. 제가 말도 안 되는 소리를 하더라도 잠시만 참아 주세요."

귓가에 재빨리 속삭이는 준현의 목소리에 은영은 현실로 돌아와 준현의 할머니에게 인사를 드렸다. 준현의 등장과 함께 방의 공기가 순식간에 바뀌는 기분이다. 조금 전까지만 해도 어린아이였던 할머니가 인자하나 장난기 가득한 표정을 짓고 자신들을 향해 인사를 건네신다. 은영은 이러한 온도 차에 놀라 눈이 커졌다.

"아이고, 이게 뉘여! 우리 준현이가 드디어 할미 소원 풀어주는 겨? 워매, 이렇게 곱디 고운 색시를 여태 워디에다 꽁꽁 숨겨놨당가? 괘씸도 혀. 얼릉 와봐요. 마침 맛난 차 묵고 있었는디요. 같이 한 잔 혀!"

 환한 미소로 은영을 반기는 목소리에 이끌려 할머니의 말씀을 부정하지 못하고 방 안으로 들어갔다. 이런 당혹스러운 상황을 예상하지 못했기에 은영은 천연덕스럽게 수긍하며 들어가는 준현의 발을 슬쩍 밟았다. 순식간에 발을 빼며 은영의 등을 살포시 감싸며 방으로 미끄러져 들어가는 준현으로 인해 은영은 몸이 굳었다. 타인과의 접촉은 늘 그녀를 예민하게 만든다. 하지만 긴장을 풀 틈도 없이 같이 앉아 계시던 준현의 아버지와도 인사를 나누어야만 했다. 할머니께 부탁하실 때만 목소리가 차분하고 애절하셨던가 보다. 갑작스레 방문한 방문객에게 당장이라도 사랑채를 내어줄 것만 같은 대장군의 호탕한 목소리로 일하시는 분들에게 다과상을 차려오게 하셨다. 준현과 닮은 점이 보이지 않는 그의 아버지는 간단한 호구 조사를 마치자마자 은영에게 멋쩍은 표정으로 말을 건넨다.

"저 녀석이 그냥 환장허게 외가 쪽을 쏙 빼닮아 부렀제. 나를 닮았어야 남자답다는 소리도 듣고 인기도 많았을 건디!"

은영의 긴장을 풀어주려고 건네신 말씀인 듯 한데 할머니께서 정색하며 바로 맞받아 말씀하신다.

"싱거운 소리 허덜 말어라. 니 안 닮아서 이래 잘생겨 불었는디! 다행이제. 아이고, 천운이제. 천운."

모자의 티격태격 설전에 은영은 피식 웃음이 나며 긴장이 풀리는 걸 느꼈다. 그 모습을 지켜본 준현이 안심한 듯 할머니께 그녀의 직업을 소개했다.

"할머니, 은영씨가 하는 일이 인형을 수선하는 일이에요. 할머니. 그래서 할머니 인형을 제가 이 사람에게 맡길 수 있었어요. 오늘 수리 진행 상황을 할머니께 직접 말씀드리고 싶다고 해서 인사도 드릴 겸 겸사겸사 같이 왔어요. 인형, 어디에다 맡기는지 제가 말씀 드렸었죠? 솜뭉치요. 노란 외벽이 수선화 같다고 참 예쁘다 말씀하셨던 그 가게요."
준현의 말을 들은 할머니의 눈이 잠시 흐려진다. 인형의 존재를 떠올리려 하는지, 그런 말을 들은 적이 있는지를 확인하려는지 알 수가 없다. 혹여 투정 부리듯 어린 아기 같던 그녀가 다시 현신할까 봐 살짝 걱정이 든 은영은 숨소리조차 죽이며 할머니의 입을 바라보다 먼저 말을 꺼냈다.

"할머님께서 아끼시는 인형에 제가 아일라라는 이름을 붙여주었어요. 제가 가만히 살펴보니까 정말이지 사랑 많이 받은 아이더라구요. 그런데 더 오래 갖고 계시려면 옷도, 안에 있는 인형의 몸체도 수리를 좀 해야 할 거 같아서 제가 안전하게 맡아서 수리 중이에요. 사진 한번 보실래요? 이렇게 이뻐졌다고 보여드리려고 사진 찍어왔어요."

은영이 재빨리 핸드폰 갤러리를 열어서 사진을 보여드리자 할머니는 크게 기뻐하시며 사진 속 인형을 바라보았다.

"참, 할머니. 아일라가 터키어로 달빛이라는 뜻이래요. 은은하게 빛나는 머릿결도, 무늬가 참 독특하고 예쁜 옷도 마치 달빛 요정 같아서 이렇게 이름 붙였거든요. 할머니께서는 인형에게 어떤 이름으로 부르셨어요? 그리고 인형이 굉장히 오래 됐어요. 어떻게 만난 친구인가요?"

은영의 질문에 사진을 보며 인형의 행방을 안 뒤 경계심이 사라진 할머니는 들뜬 목소리로 답하신다.

"아부지가 주고 가불었어. 해방될 거란 말을 들었다면서 엄니랑 나도 같이 일본으로 가자고 권하셨었제. 엄니가 안 간다고 버텼어. 동생과 노모를 책임질 사람이 다 죽고 없어졌응께. 그랬다가 내가 그 일을 겪고 평생을 후회하셨제... 아이고, 내가 첨 본 사람 앞에서 별 이야기를 다 헌다잉. 오매오매. 늙어 부렀더니 정신도 흐려저부러. 할 말, 못 할 말도 가리지를 못허네."

준현이 낮은 목소리로 어렵게 꺼냈던 말을 알고 있기에 은영은 가만히 웃으며 자신의 핸드폰을 들고 사진을 보고 있던 할머니의 손을 감싸안는다. 조금의 온기라도 전해질 수 있다면 어린 날의 그녀가 받은 상처가 작아질 수 있을까?

"할머니, 제가 인형 안에서 발견한 게 있어요. 저처럼 수리하는 사람이 아니라면 안에 이런 것들이 있을거라 생각도 못했을 거에요. 보통의 사람들은요. 무엇이 들어있었는지 보실래요?"

은영은 가방 안에서 조심스레 공단으로 만든 케이스를 꺼내어 할머니께 드렸다. 상자를 열어 본 할머니와 옆에서 지켜보고 있던 준현의 아버지에게서 동시에 탄성이 흘러나온다. 할머니는 떨리는 손으로 쪽지를 집어 들어 펼친다. 조심스러운 손길로 펼쳐진 종이가 바스락거리며 그녀 안의 기억의 문을 연 듯 하다. 한참이나 글자들을 바라보고 있던 그녀의 눈에서 눈물이 흐른다.

"아이고, 이젠 아버지 얼굴도 가물가물 혀. 그저 뒷모습만 얼핏 생각날 뿐이여. 그날 혼자 부두로 걸어 가시는디, 참말로 몇 번이나 뒤돌아 보시던지. 그때 말이여, 나 엄마 손 확 놔 불고 아버지 따라간다고 발버둥을 쳤지. 아버진 말도 마라, 참말로 다정하신 분이셨는디. 나한텐 친구 같으셨제. 인형 하나 손에 꼭 쥐어 주시면서 말이여, "이건 꼭 잃어 불지 말어잉" 하시더라고. 근디 안에 뭐가 들었는지 그런 말씀은 일절 안 하셨제."

할머니는 말을 멈추고 멍하니 허공을 바라보았다. 마치 그날의 일들을 자신 앞에 펼쳐놓고 하나하나 복기하고 있는 것 같았다.

"그게… 엄니 때문이었을까? 끝까지 따라가겠다 안하구 엄마한테 붙어있던 내가 미웠던겨, 그 맘속에 뭔 섭섭함이 있었던겨. 내 이름이 옥자 아니여? 그걸 또 화선지에다 정성껏 써주시면서, "비취옥처럼 곱고 맑게 살아야제." 그러셨는디. 허허, 내가 어쩌다 이걸 지금껏 모르고 살아왔을까잉. 참말로 나는 미련도 혀. 그란디말여. 아버지도 참 짓궂으셔. 그걸 엄니가 알았으면 말이여, 사는 게 그리 고달프진 않았을텐디. 이제 와선 말이여, 있어도 그만, 없어도 그만인 것들인디 말여. 안그냐, 아범아?"

회상의 마침표가 준현의 아버지에게 이어졌다. 미혼모의 자식이라는 꼬리표를 달고 살아왔을 준현의 아버지는 눈시울이 붉어진 채 아무런 말도 없이 고개를 끄덕였다. 그는 신산했던 그들의 삶을 늦게라도 위로해 주는 목소리가 담긴 할머니의 손에 들린 종이만을 바라보았다. 이들이 겪어내야 했던 삶의 시간에 대한 무게가 은영에게 고스란히 전해져 온다. 누군가의 진심을 엿본다는 건 마음이 이토록 저릿해지는 일일 수도 있다는 걸 이들의 대화를 통해서 알게 되었다. 아버지가 남겨 준 유품 같은 보석들과 쪽지가 전해진 일이 할머니에게 큰 충격이었는지 오래 울고 난 뒤 할머니는 기력을 잃고 쓰러지셨다. 긴급하게 사람을 부르고 안정제를 투여하고 정신없이 할머니를 보살피는 집안 사람들을 보고 있던 은영은 조용히 집을 나와 아일라가 있는 곳으로 향했다. 할머니의 쾌유를 빌며 그녀는 자신이 하던 수리를 묵묵히 계속 이어갔다. 빨리 아일라를 할머니 곁으로 돌려드리는 것이 제일 큰 과제가 되었다.

 역사라는 이름 속에 묻혀버린 불특정 다수이자 개개인의 모습들이 은영의 촘촘한 바느질 땀 속에 살아난다. 누군가는 영원한 단절로 그리움 속에 살아가거나, 누군가는 꺼내기도 싫은 과거를 묻고 살아가거나, 누군가는 다른 이를 대신해서 비난을 받으며 죄책감 속에 살아가거나... 그 모든 일을 다 감당했어야 하는 준현의 할머니 옥자의 모습을 떠올리며 은영은 앞으로 자신의 상처만이 전부라는 생각으로 세상을 바라볼 수 없겠다는 마음이 들었다. 이제는 희미해져가는 흉터를 계속 파내가며 그 상처를 기억하며 스스로 자책하는 일을 그만 두어야겠다 다짐한다. 상처라는 걸 비교 대상을 놓고 어떤 기준에 의한 숫자들로 비교할 수 없는 일이지만 지극한 슬픔을 토로하던 할머니의 눈빛을 떠올리면 내가 살아온 시간이 그나마 안온하고 평범한 날들이지 않았을까? 그녀는 마지막 자신의 상처를 덮는 봉인식을 하듯 더욱 꼼꼼하게 아일라를 완성 시켜 준현에게 전했다. 인형을 받아 든 준현은 새로 태어난 아기를 보듯 신기한 얼굴로 한참을 이리저리 살펴보았다.

"같이 가서 전해주시면, 안될까요?"

은영은 준현을 보며 고개를 저어 보였다.

"아직 그때 쓰러지시던 할머니 표정이 한 번씩 기억나요. 저, 지금 굉장히 떨려요. 이 일 하면서 완성된 인형을 의뢰인께 보여드릴 때 이렇게까지 떨렸던 적이 없었거든요. 나중에 준현씨가 할머니 반응을 꼭 들려주세요."

설렘 가득한 아이 표정으로 준현은 은영이 정성스레 포장해 준 인형을 들고 가게를 나섰다. 할머니께서 어떤 표정을 보이셨을지 그의 연락을 초조해하며 기다리던 은영에게 소식이 전해진 건 한참이나 지난 뒤였다. 기대했던 소식이 아닌 할머니의 부고였다. 급격히 기력이 쇠하신 할머니께서 결국 세상을 떠나셨다는 소식을 듣고 은영은 한참을 멍하게 앉아만 있었다. 할머니를 세상에 붙들어 주었던 기억의 닻이 사라져서였을까? 은영은 허공을 응시하던 할머니의 눈빛을 떠올리며 지금은 할머니의 눈 안에 그립던 존재들이 눈부처로 맺혀있길. 함께 즐거워하며 웃고 있는 시간이길 간절히 바랐다. 장례식 이후 인형 안에서 발견된 보석은 전문가에게 감정을 받고 팔아서 전액을 군산의 미혼모단체에 기부했다고 한다. 금가락지만 돌아가신 할머니의 어머님 유골함에 같이 넣어두셨다 한다. 할머니의 유언을 존중한 가족들의 말 없는 이행이 아름답게 다가온다. 물질에 대해 욕심내지 않고 고인의 뜻을 존중하는 집안 사람들의 모습이 오래 기억될 것만 같다.

은영은 살아온 삶이 신산해서 그 상처를 가리기 급급하던 날들을 가만히 타이르는 어른의 음성을 들은 기분이었다. 상처를 딛고 살아낸다는 것이 신의 형벌이 아닌, 또 다른 기회를 위해 우리에게 주어진 가능성의 시간이라 알려주는 옥자 할머니. 그녀는 그렇게 살아냈다. 삶의 순환고리가 그녀가 이겨낸 시간을 통해 더욱 견고하고 아름답게 이어지고 있다. 할머니의 유산으로 도움을 받은 미혼모들이 자신에게 찾아온 생명을 길러내며 상처를 보듬어 오랜 시간이 걸리더라도 스스로 일어설 수 있는 기회를 갖게 되길 은영은 마음 다해 기원했다. 은영은 미혼모 보호센터에서 그녀들을 위해 교육 프로그램을 맡아 할 수 있는 일은 없는지 알아보고, 센터 직원분의 도움을 받아 인형 만들기 프로그램을 개설했다. 자신이 알고 있는 것들을 그녀들의 미래를 위해 전할 수 있다는 사실에 큰 기쁨과 활력이 생기는 요즘이다. 이 또한 할머니께서 그녀에게 남겨 주신 귀한 유산인 것만 같다.

 달빛을 등지고 가게 문을 닫는다. 한동안 일에 몰두했더니 어깨가 뭉쳐 팔을 올리기 어렵다. 그때였다. 등 뒤에서 느껴진 인기척에 놀란 은영이 뒤를 돌아보다 그만 휘청이다 그녀를 부축해 안아주는 손길에 소스라치게 놀랐다.

"이렇게 놀라실 줄 알았다면, 미리 연락드리고 올 걸 그랬어요. 창밖에서 은영 씨를 바라 보는데 정말 일에 집중하고 계시더군요. 그 모습이 참 인상적이어서, 아니. 정말 아름다워서 끝날 시간이 될 때까지 작업하는 걸 방해하고 싶지 않아서 기다렸어요. 놀라게 해드린 점 정말 죄송합니다."

준현의 목소리에 그제야 긴장을 푼 은영이 정신을 차리며 옷차림을 가다듬는다.

"일에 너무 몰두하고 있었던가 봐요. 오실 줄은 생각도 못한지라 제가 놀랐나 봐요. 제 표정 혹시 호러물 속 여주인공 같지는 않았어요? 보셨어도 못 본 척 해주시기에요."

"음. 갑자기 제 머릿속에 링의 한 장면이 떠올랐는데, 구체적인 장면에 대해서는 노코멘트 할게요. 은영이 초상권 보호를 위해서요. 할머니께서 은영씨에게 따로 남긴 것이 있어요. 전해드릴 겸 안부도 궁금하고 직접 왔습니다. 우리 저녁 먹으러 갈래요?"

잔잔한 그의 목소리에 미친 듯이 뛰던 심박수가 안정을 찾자 은영은 준현을 가만히 올려다보았다. 할머니가 사랑하던 손주 준현. 그의 맑은 눈빛이 할머니를 닮아있다. 은영은 그의 눈동자에 비친 자신을 바라보았다. '이 사람의 눈에 매일 내가 담겨있다면 어떤 느낌으로 세상을 바라보게 될까?' 그가 작업실에 오기 전까지 어쩌면 은영은 자신이 그를 보고 싶어 했는지도 모르겠다는 생각이 들었다. 그녀의 응시에 가만히 서 있던 준현은 수줍은 미소를 지으며 조그만 들국화 꽃다발과 옥자의 메이를 함께 내밀었다.

"아! 할머님과 이 아이, 같이 둔 줄 알았는데요?"

"돌아가시기 전, 정신이 들 때마다 제게 녹음 해달라고 부탁하셨어요. 그렇게 만들어진 녹음파일이 여러 사람들에게 전하는 할머니의 유언이었다고 생각해요. 그중에 은영씨에게 남긴 음성도 있어요. 그리고 이 아이를 부탁하시더군요. 누구보다 더 아껴 줄 거라 말씀하시면서요. 자요, 부담 되시더라도 받아주세요. 할머니의 부탁입니다."

준현과 함께 저녁을 먹고 집 앞까지 배웅을 받던 은영은 그가 돌아서며 건넨 "또 봐요. 곧."이라는 말에 두근대는 심장을 누르며 집에 들어왔다. 아무래도 부정맥 검사라도 받아봐야 하는지 고민이 생긴다. 그날 밤 할머님께서 남기신 녹음파일을 전해 받고 선뜻 재생을 누르지 못하던 은영은 한참을 머뭇거리다 음성 파일을 재생했다. 잠시였지만 은영에게 깊은 인상을 남겼던 할머니의 목소리가 흘러나온다.

"은영아, 아가라 불러도 되제잉? 이 녀석 준현이가 아직 영 어색허제잉? 그래도 이 할미 안심시키고 기쁘게 해줄라꼬 애쓰는 모습이 참말로 곱고 기특해서, 맘이 한결 놓였당게. 애 쓸만혀. 내 자식이라 그런 말 허는거 아녀. 착한 놈이여. 아부지 분신 같은 우리 메이를 온전히 돌려줘서, 참말로 고맙다. 얼마나 애썼을지 손끝에서 다 느껴져. 손도 야무지고, 사람도 참허니, 보면 볼수록 우리 아가가 겁나게 탐이 나부러. 내 욕심이제잉?"

은영은 다시 한번 듣고 싶었던 할머니의 목소리가 흘러나오자 저도 모르게 눈물이 맺혀 눈을 꼭 감았다. 조금 더 살아계셨다면 자신의 이야기를 할머니께 들려드릴 용기를 냈을 텐데, 그렇게 꺼내놓고 할머니께 응석 부리듯 다독여 달라고 했을지도 모를 텐데. 여러 가지 가정법으로 부풀다가 지워진 이야기들이 못내 아쉽기만 하다.

"그란디 말이여, 가끔 얼굴에 언뜻 그늘이 지나가는 게 보여서 나는 영 그게 맘에 걸려부러. 상처 있는 사람은 서로 알아보는 법이제. 그게 얼매나 깊었는지, 얼매나 나았는지는 아무도 모르지만 말여. 은영아, 아가. 죽을 만큼 힘들어도, 죽을 일은 없는 법이여. 시상에는 이겨내지 못할 일도 없는 거고. 내가 그리 살아왔당게."

은영의 마음을 알고 계셨던 걸까? 할머니는 눈앞에 계신 것처럼 생생한 목소리로 그녀를 다독이는 것만 같았다. 은영은 참고 있던 눈물을 쏟아내며 무릎에 얼굴을 묻고 흐느끼기 시작했다.

"은영아. 우리 메이, 그리고 덩치는 크드막하니 어따 써도 쓸 놈인디, 하는 짓은 그저 어린애 같은 저 쑥맥 준현이 좀 잘 부탁혀도 되제? 둘이 좀 잘혀 봐. 몰랑몰랑 지지고 볶고, 알았제? 네가 있어서, 이 할미는 잠시나마 참말로 좋았제. 암, 꿈꾸는 맹키로. 그러니 기운 내서, 지금보다 더 환하게 웃으며 살아주라. 꼭이여. 알았제?"

은영은 먹먹해진 가슴을 손바닥으로 누르며 옥자의 메이를, 그리고 자신이 다시 태어나게 한 아일라를 가슴에 끌어안았다. 희미한 온기가 전해져 온다. 누군가의 지극한 사랑이 자신에게 전해져 온다. 사랑의 온기 속에서 오래전의 상처가 달빛 아래 비로소 희미해진다. 세상을 더 열심히 살아낼 용기가 기억의 방에도 은영의 마음속에도 한가득 채워지는 것만 같다. 무엇이든 꿈꾸고 해볼 수 있던 어린 날의 한 때처럼.

상처를 딛고 설

신의 형벌이 이

또 다른 기회를

주어진 가능성으

주는 그녀.

ㅏ선다는　것이

ㄴ,

위해　우니에게

시간이라　안려

Bono

- 제 19회 최치원신인문학상 수상
- 브런치스토리 에세이분야 크리에이터로 활동 중

상상에 빠져 저만의 작은 고치 속에서 문자의 물레로 이야기를 짓는 걸 좋아합니다. 또한 다른 글을 읽는 것도 좋아하죠. 다정한 목소리의 이야기도, 인간의 모든 고통이 담겨 있는 것만 같은 비극적인 이야기도. 우리 삶을 이루는 다양한 이야기들을 만나 읽거나 들을 때면 제 몸에 경험하지 못한 생의 나이테가 새겨지는 기분이 들곤 합니다.

릴레이 형식의 글을 쓴다는 건 정말 흥미로운 경험이었죠. 다른 작가분의 글을 읽고 글 전체에 내재된 주제, 혹은 주인공의 생각의 흐름을 이어받아 나만의 이야기를 쓰는 작업은 미셸 푸코의 말은 인용하자면 시간에 상관없이 전혀 새로운 시공간에 우리만의 유토피아적 공간, "헤테로토피아"를 창조하는 일이었습니다.

어른이란 옷을 입고 살아가는 동안 잊고 있었던 자신만의 꿈, 기억, 사랑, 인연 등 수많은 삶의 조각들을 가지고 만든 우리들만의 헤테로토피아로 이 책을 펼친 여러분들을 초대합니다.
어서 오세요.
여러분을 진심으로 환영합니다.

여덟 번째 이야기

행복한 꽃

"오늘 주제는 '행복한 꽃'이야"

내가 말했다.

"꽃도 행복을 알아요? 뇌가 없고 심장도 없는데 마음이 있다는 거예요? 서, 설마 동화 쓰기는 아니겠지요? 선생님 우리 중학생이에요!"

지석이 거들먹거리는 표정으로 말했다. 나는 대답 없이 웃기만 했다.

"다큐멘터리를 보았는데 식물도 생각을 한다는 거야. 예를 들어 한 식물이 해충 공격을 받으면 인근 식물에 방어 물질 생성 신호를 보낸대. 그뿐 아니야. 뿌리가 영양분이 풍부한 방향으로 자라는 것은 단순 반사가 아니라 최적의 경로를 찾는 의사결정 과정이라는 거야. 민감초는 여러 번 만지면 오므라지지 않는 학습 능력도 있대. 그리고 또......, 아! 괴롭힌 사람의 얼굴도 기억한다는 설도 있어. 실험도 있고"

끝나지 않을 것 같은 박학다식한 윤서의 말을 자르고 동연이 나섰다.

"그러니까 모든 생명은 마음이라는 것이 있고 생각이라는 것을 한다는 말이지? 식물조차 말이야. 생각 없는 지석이와 다르다는 말 아니야?"

동연의 말을 듣고 지석이 발끈 일어섰다. 글짓기 수업은 언제나 이렇게 산

만하고 뒤숭숭하게 시작한다. 이 난관을 뚫고 원하는 주제로 진입하기 위해서 단도직입 직진 수업이 최선인 것을 나는 안다. 그리고 오늘 수업도 행복할 것이라는 것을 이미 알고 있다.

"오늘은 '행복한 꽃'이라는 주제로 동화 쓰기야."

나는 배에 힘을 주는 동시에 얼굴에 미소를 띠며 말했다.

"에? 연애소설이 아니고 정말 동화예요?"

지석이 어이없다는 듯 되물었다.

"우리들이 읽는 동화라고 해 두자. 나는 '행복한 꽃'을 통해 너희들이 생각하는 행복의 기준이 무엇인지 알고 싶어. 그리고 행복에 대해 좀 더 많은 이야기를 나누고 싶은 거야."

"행복이라면 너무 추상적인 주제 아닌가요?"

동연이 턱을 괴며 말했다.

"에픽테토스는 '작은 것에서 행복을 찾는 법을 배우라'고 했으니 우리는 동화에서 행복에 관한 생각을 나눠보는 것도 괜찮겠지"

나는 여전히 미소를 지었다. 미소보다 더 좋은 동기부여는 없다고 생각한다. 아이들에게 작은 영감을 주기 위해 나는 먼저 이야기를 시작했다. 고맙게도 지석이도 내 이야기에 집중하기 시작했다.

"언덕 아래에 꽃이 있었어."

"할미꽃요? 우히히히"

지석이 재미있어 했다.

"아니, 할미꽃은 아닌 것 같아. 머리를 들어 언덕 위를 보았으니까."

나는 지석의 어깨를 토닥였다. 그리고 준비해 온 몇 장의 그림을 보여주었다.

제목: 만남

언덕 위에는 파란 하늘을 배경으로 노란 꽃이 활짝 피어 있었어요.
노란 꽃은 마치 하늘을 나는 나비처럼 건강하고 활기차 보였지요.
언덕 아래에는 작은 분홍 꽃이 있었어요. 분홍 꽃은 언제나 노란 꽃을 올려다보며 생각했어요.

"저 노란 꽃과 나란히 서서 파란 하늘을 함께 보고 싶어."
"그 잎을 잡고 함께 웃을 수 있다면 얼마나 좋을까."

하지만 꽃은 움직일 수 없었어요. 발도 없고 목소리도 없었지요.
오직 향기와 마음만 가득했어요. 분홍 꽃은 있는 힘껏 향기를 뿜어
노란 꽃에게 보내려 했지만, 바람은 제멋대로 불어 향기는 엉뚱한
곳으로 떠돌았어요. 분홍 꽃은 점점 쓸쓸해졌지요.
어느 날, 하늘이 갑자기 어두워지고 거센 비바람이 몰아쳤어요. 언
덕 위의 노란 꽃은 사정없이 흔들렸고, 흙이 쓸리면서 뿌리가 드러
나기 시작했어요. 분홍 꽃은 그 모습을 보고 깜짝 놀랐어요.

"노란 꽃님! 뿌리가 뽑히겠어요! 어, 어떻게 해야 하지?"

분홍 꽃은 생각할 틈도 없이 자신의 뿌리를 언덕 위로 뻗기 시작했
어요. 뾰족한 돌멩이와 날카로운 유리가 뿌리를 찔렀지만, 분홍 꽃
은 아픈 것도 잊고 뿌리를 더 멀리 뻗었어요. 작고 힘없는 꽃이었
지만, 언덕 위로 조금씩 조금씩 올라갔지요.

마침내 분홍 꽃의 뿌리는 노란 꽃의 뿌리까지 닿았어요. 그리고 흔

들리던 노란 꽃의 뿌리를 꽉 잡아주었지요.

"괜찮아요! 이제 제가 잡고 있으니 어떤 바람이 불어도 걱정하지 마세요!"

노란 꽃은 놀라서 잠시 말을 잊었어요. 하지만 분홍 꽃의 뿌리가 자신을 단단히 잡고 있다는 것을 느끼고 겨우 마음을 놓았어요.

다음 날 비바람이 그치고 태양이 떠올랐어요. 여전히 뿌리와 뿌리는 꼭 잡고 있었지요. 노란 꽃은 분홍 꽃을 향해 환하게 웃었어요.

"정말 고마워요. 당신 덕분에 무사했어요."
분홍 꽃은 부끄러워하며 뿌리를 살짝 꿈틀거렸어요.

시간이 흘러 두 꽃의 뿌리는 더욱 단단히 엉켰고, 그 뿌리 사이에서 새싹 하나가 돋아났어요. 새싹은 점점 자라더니 곧 작은 보랏빛 꽃으로 피어났어요.

언덕 위와 아래에 있던 꽃들은 이제 하나가 되었어요. 바람이 불어도, 비가 내려도, 그들은 서로를 지키며 살았답니다.
그래서 꽃은 행복했어요.

"말도 안 돼! 언덕 위로 뿌리가 오른다는 건. 역시 현실적이지 않아요."

지석이 도리질을 하며 말했다.

"말이 안 될게 뭐야? 사랑은 국경도 넘는다는데 그깟 언덕쯤이야"

동연이 뭔가 알겠다는 듯 팔짱을 꼈다.

"협력과 희생! 역시 행복은 함께 해야 얻을 수 있는 것일까요? 본인도 흔들리고 힘들었을 텐데 언덕을 거슬러 올라가 다른 이의 뿌리를 잡아 준 것이 대단해요"

윤서의 말에 나는 말없이 고개를 끄덕였다.

"그냥 함께 있는 것만으로 행복하진 않을 거야. 거친 비바람과 위기와 위기를 함께 극복했던 시간들이 있었기 때문에 꽃은 행복을 알게 된 것이라 생각해"

동연의 말에도 나는 고개를 끄덕였다.

"맞아. '행복은 우리가 가진 것이 아니라 우리가 누구인지에 달려 있다'라고 한 명언이 생각났어. 언덕 아래 있던 꽃은 뿌리를 가진 자기 자신을 생각하지 않았을까? 그래서 뿌리를 뻗을 수 있던 거지. 행복은 그래서 얻어진 거야"

윤서가 동연의 의견에 덧붙이며 나를 보았다.

"행복을 얻기 위해 꼭 무엇을 해야 해?"

지석이 심드렁하게 말했다. 나는 역시 고개만을 끄덕였다.

"자, 다음 동화작가는?"

나는 세 사람을 차례로 둘러보았다.

나는 세 사람을 차례로 둘러보았다.

"오 맙소사! 동화는…… 내 취향이 아니야. 너무 오글거려."

동연이 너스레를 떨었다.

"좋아, 미래 동화작가인 내가 먼저 해보지"

의외로 삐딱이 지석이 나섰다.

"동화작가? 한번 읊어 봐. 그럴 자격이 있는지 들어볼게"

동연이 눈을 가늘게 뜨며 장난치듯 말했다.

"오케이 그럼 어린이 여러분! 들을 준비가 된 거죠?"

지석이 유치원 선생님처럼 말투를 바꾸는 바람에 우리는 모두 "네, 네, 선생님!"하고 외쳤다. 그리고 까르륵 웃었다.

제목: 그림자꽃

옛날 어느 들판 한가운데, 햇빛을 좋아하는 해바라기가 있었어요. 해바라기는 언제나 태양을 바라보며 빛나는 하루를 보내곤 했죠. 하지만 해바라기의 옆에는 늘 그림자꽃이 함께 있었어요. 그림자꽃은 잿빛 줄기에 작고 어두운 꽃잎을 가지고 있어서 사람들이 거의 알아채지 못했어요.

"너는 왜 어두운 곳에만 있어? 태양을 봐야 기분이 좋아질 텐데." 해바라기가 물었어요.

"나는 그림자 속에서 더 편안하거든. 태양은 너무 뜨거워." 그림자꽃이 대답했어요.

해바라기는 그림자꽃이 이해되지 않았어요. 태양은 모든 생명에게 에너지를 주는데, 왜 그림자 속에서 살고 싶어 하는 걸까요?

어느 날, 하늘이 갑자기 흐려지고 폭풍이 몰아쳤어요. 강한 바람에 해바라기의 긴 줄기가 이리저리 휘청거렸어요. 해바라기는 자신의 밝은 꽃잎이 찢겨 나갈까 두려웠어요. 그러나 그림자꽃은 바람 속에서도 조용히 그 자리에 있었어요. 땅에 낮게 붙어 있던 그림자꽃은 폭풍에도 흔들리지 않았어요.

폭풍이 지나간 후, 해바라기는 잃어버린 꽃잎들을 보며 슬퍼했어요. 하지만 그림자꽃은 여전히 잔잔히 피어 있었어요. 해바라기는 그제야 그림자꽃에게 물었어요.

"너는 어떻게 버틸 수 있었어?"

그림자꽃이 살며시 웃으며 대답했어요.

"햇빛만큼이나 그림자도 중요한 법이야. 그림자가 없으면 식물은 쉬지도 못하고 뿌리도 단단해지지 않아. 나는 내가 있는 자리를 사랑할 뿐이야."

그 말을 들은 해바라기는 조금 부끄러웠어요. 그리고 그림자꽃을 바라보며 생각했어요.

'어쩌면 행복이란 내가 바라는 것이 아니라 내가 가진 것을 사랑하는 것일지도 몰라.'

그날 이후, 해바라기와 그림자꽃은 서로 다른 모습으로도 함께 어울릴 수 있다는 것을 깨달았어요. 햇빛과 그림자가 어우러진 들판에서 두 꽃은 서로를 지켜보며 자랐답니다.

지석이 이야기를 마치자 잠시 조용했다.

"와, 그림자꽃…… 멋진데? 지석이가 이렇게 따뜻한 감성이었단 말이야? 다시 봐야겠어."

동연이 감탄하며 말했다.

"행복은 내가 바라는 것이 아니라 내가 가진 것을 사랑하는 것…… 제법 철학적인데?"

윤서도 진지하게 고개를 끄덕였다.

"지석아, 정말 잘했다!"

나는 따뜻하게 칭찬했다.

"자, 이번엔 누구 차례지?"

나는 윤서와 동연을 번갈아 보았다. 이미 이야기를 마친 지석은 느긋하게 어깨를 으쓱였다. 윤서가 먼저 입을 열었다.

"그럼 제가 해 볼게요."

윤서는 작게 숨을 들이쉬고 나서 종이를 펼쳤다.

"난 빨간 장미꽃 이야기를 만들었어요."

윤서가 약간 상기된 얼굴로 일어섰다.

"어라? 이건 장미가 아니라 빨간 풍선이잖아. 장미와 빨간 풍선은 친구였어요. 뭐 이런 스토리야? 너무 뻔한데? 우리 중학생이야. 그것도 오서하 선생님 글짓기 모둠 수업을 받고 있다고"

동연이 윤서의 그림을 흔들며 놀렸다. 윤서는 상관없다는 듯 동연의 말을 무시하고 이야기를 시작했다.

제목: 장미가 된 빨간 풍선

어느 마을에 작은 아이가 들고 다니는 빨간 풍선이 있었습니다. 아이의 손에 매달려 춤추듯 떠다니던 풍선은 매일 하늘 위 태양을 올려다보며 생각했지요.

"태양은 정말 멋져. 언젠가는 태양과 가까이 만나고 싶어!"

어느 날, 아이가 돌부리에 걸려 넘어지면서 풍선의 손을 놓치고 말았어요. 빨간 풍선은 자유롭게 둥실둥실 하늘로 올라가기 시작했어요. 아래를 내려다보니 아이가 울며 손을 흔들고 있었지만, 풍선은 이미 멀리 떠나버린 뒤였죠.

"안녕! 난 이제 태양을 만나러 갈 거야!"

풍선은 낮게 중얼거리며 위로, 더 위로 올라갔습니다.
나뭇가지들이 풍선을 잡으려는 듯 손을 뻗었지만, 풍선은 슬며시 옆으로 비틀며 웃었어요. 그때 따스한 바람이 다가와 풍선을 밀어주었습니다.

"빨간 풍선! 어디 가니?"
"태양에게 갈 거야. 태양은 너무 아름다워!"
"하지만 너무 멀리 있어. 구름까지는 내가 데려다줄게."

바람은 빨간 풍선을 뭉게구름이 있는 곳까지 데려다주었습니다. 구름 위에 도달한 풍선은 바람에게 감사 인사를 했어요.

"빨간 풍선! 어디 가니?"

둥글고 포근한 구름이 물었습니다.

"태양에게 갈 거야. 태양을 만나고 싶어."

구름은 잠시 생각하더니 대답했어요.

"태양은 너무 높고 뜨거워. 아무도 함께 갈 수 없어. 네가 정말 원한다면 혼자 힘으로 가야 할 거야."

풍선은 결심했어요. 힘차게 몸을 흔들며 태양을 향해 날아올랐어요. 점점 더 높이 올라가던 풍선은 몸이 팽팽하게 부풀어 올랐지만, 태양은 여전히 멀고도 멀었어요. 그때 태양의 따스한 목소리가 들려왔습니다.

"작은 풍선아, 여기에 오면 넌 타버릴 거야. 난 모두를 위해 빛나야 하기 때문에 멈출 수 없단다."

하지만 풍선은 포기하지 않았어요.

"태양님, 괜찮아요. 태양님과 가까워지고 싶어요. 제 마음은 결코 꺾이지 않을 거예요!"

풍선은 간절하게 말했어요. 결국 풍선은 있는 힘껏 오르다 "빵!" 하고 터지고 말았어요. 산산조각이 된 풍선의 조각들은 땅으로 떨어졌어요.

몇 날 며칠이 지나, 풍선의 조각이 떨어진 정원에서 작은 싹이 돋아났습니다. 그리고 싹은 자라서 아름다운 빨간 장미로 피어났습니다.

"태양님! 저예요, 빨간 풍선이에요. 태양님을 바라보며 살 수 있도록 장미로 태어나게 해 주셔서 감사해요."

태양은 장미에게 따뜻한 미소를 보내며 햇살을 가득 내려주었어요. 장미는 그 햇살 속에서 더욱 빛나며 웃었습니다.

"장미야, 넌 정말 아름답구나. 널 바라보니 나도 기뻐."

이후로도 빨간 장미는 늘 태양을 향해 고개를 들고 피어 있었습니다. 그리고 태양은 언제나 장미를 바라보며 따스한 빛을 보내주었습니다.
그래서 꽃은 행복했답니다.

"우와! 풍선이 새로운 형태로 태어나는 과정이 부드럽고 동화적이야. 놀랍다."

동연이 손뼉을 쳤다.

"풍선이 터질 때 조마조마했어. 풍선의 열망이 아름답게 승화된 것 같아."

지석도 칭찬을 아끼지 않았다.

"동화를 만들면서 생각했는데요. 행복은 마법처럼 '찾는 것'이 아니라 '스스로 만들어가는 과정'이라는 것! 어릴 때 동화를 읽던 생각이 새록새록 떠올랐어요."

윤서는 상기된 얼굴로 나를 바라보았다. 나는 마주 보며 미소를 지었다. 우리는 다음 차례인 동연에게 고개를 돌렸다. 동연은 조금 긴장한 듯했지만 금세 입가에 미소를 띠며 이야기할 준비를 했다.

"그럼, 들어 봐. 내 이야기는 조금 다를지도 몰라."

책 프로필 사진으로 쓸건데
동화처럼 이미지 수정이
가능해?

여기에 요청하신 수채화 스타일의
프로필 이미지입니다! 동화 같은
분위기를 강조했으며, 부드러운 색감과
따뜻한 느낌을 살렸어요. 원하는 추가
수정 사항이 있다면 알려주세요!

ㅎㅎㅎ 너무 예뻐진 것 같아.
본 사진과 조금이라도 닮게는
안 될까?^^

이번에는 원본 사진과 좀 더 닮게
수정해보았습니다! 여전히 동화 같은
수채화 느낌을 유지하면서도
자연스럽게 조정했어요.

오서하

ChatGPT에게 나의 작가 소개를 부탁했습니다. AI는 나를 어떤 모습으로 평가하고 있는지 궁금해서입니다. 다음은 AI가 나를 소개하는 글입니다.

-오서하 작가 소개-

오서하 작가는 세상의 작은 마법을 발견하고, 그 속에서 인간의 감정을 섬세하게 그려내는 이야기꾼이다. 그의 작품은 어린이부터 어른까지, 독자들에게 깊은 여운을 남긴다.

작품 *나를 닮은 친구 AI*에서는 인간과 AI의 관계를 따뜻한 시선으로 탐구하며, 기술이 발달한 시대 속에서도 인간다움이 얼마나 중요한지를 일깨운다. *사라진 학교*는 우리 안에 묻어둔 잃어버린 시간을 되새기게 하며, *특등이 피었습니다*는 성장과 이해를 통해 따뜻한 위로를 전한다. 전자책 *L에게*에서는 감성을 담백하게 풀어내며, 독자들이 자신의 내면을 조용히 들여다볼 수 있도록 한다.

그의 글은 단순한 이야기 이상의 힘을 가지고 있다. 세상의 틈새에서 빛나는 순간들을 포착해, 한 편의 동화처럼 따뜻하면서도 깊은 울림을 준다. 그의 이야기가 많은 이들의 마음속에 소중한 기억으로 남기를 기대하며, 앞으로도 따뜻한 서사가 이어지기를 바란다.

쑥스럽지만 괜찮네요. 이제는 어린 AI를 위해서 동화를 쓰는 중입니다.

1 별명

"꽃사슴" (오래전에 나를 이렇게 불러주던 단 한 사람이 있었습니다. 지금은 '꽃돼지'가 되었지만요. 하지만 저는 '꽃'이 들어가는 이름이라면 다 좋습니다. 잘 피었다가 단단한 씨앗 하나 여물기를 바라니까요.)

2. MBTI

"나는 상냥하고 사교적이지만 이지적이고, 혼자 있는 시간을 좋아하며, 그림과 글쓰기를 즐깁니다. 인정받는 것이 좋지만, 지나치게 가까운 관계는 부담스럽죠. 그렇다면 나의 MBTI는 무엇일까요?"

　- ChatGPT에게 물었더니 이렇게 답하더군요. '감성적이고 창의적이며 자기표현을 중요시하지만, 깊은 인간관계에는 조금 신중한 면이 있다면 INFP입니다.' 덕분에 처음으로 내가 INFP라는 걸 알게 되었습니다.

　　그런데... 그게 무슨 의미가 있을까요? 나는 이미 나인걸요. 사실 인간을 유형별로 나누는 걸 별로 좋아하지 않아요. 시시때때 변하는 것이 인간들이니까요. 그 중에 나는 더욱 변화무쌍합니다.

3. 그 밖에 좋아하는 것

- 태양, 햇살, 꿈틀꿈틀 기어가는 애벌레, 그 위로 떨어지는 벌레 먹은 나뭇잎. 붉게 물든 나뭇잎, 앙상한 가지, 가지 위에 소복이 밤새 내린 눈.
- 달팽이, 오들오들 떨고 있는 달팽이. 비 오는 날, 눈 오는 날, 안개 낀 날, 어슴푸레한 아침과 저녁. 흔들의자, 흔들의자를 좋아했던 사람.
- 지금은 공백.
- 하얀 종이, 그 위에 낙서. 낙서를 사랑하는 딸. 딸의 외로움. 열려있는 창, 창가를 스쳐 가는 바람, 지나가는 사람들.
- 새침한 고양이, 멍멍이, 비껴드는 햇살, 아직 쓰지 않은 편지지. 바다와 강과 숲과 낮은 언덕. 우포늪을 거닐고 있는 사람. 그의 뒷모습.
- 이름 없이 피어난 들꽃, 들꽃을 닮은 나의 친구. 시와 동화, 그리고 나의 이야기.
- 운명, 아니면 웬수, 어쩌면 가족.
- 한 번도 사랑해 보지 못한 어머니.
- 그러나, 그리운.

오서하 쌤

창 너머 풍경의 속도, 그리고 오래된 무언가

#1. 빨라도 너무 빠른 속도와

빨-라도 너무 빨랐다.
간-간이 고개를 들어 창 너머

풍-경을 바라보았지만, 저 멀리로 사라지는 속도를 느끼며
선-뜻 따라가지 못했다. 물론, 따라가려 한 적도 있었다.
과-욕이었지만,

태-어나서 지금까지 죽,
양-손으로 무언가를 이뤄야 한다고만 생각했다.

#2. 끝나지 않은 반복

빨-라도 너무 빨랐다. 열차의 속도는 분명 일정했을 텐데, 창밖으로 스쳐 가는 풍경은 따라잡을 수 없는 무언가처럼 느껴졌다.
간-간이 고개를 들어 창 너머를 바라봤다. 회색빛 도시가 초록 들판으로, 다시 야산으로 바뀌었다. 빠르게 사라지는 풍경을 붙잡고 싶었지만, 선뜻 손을 내밀 수는 없었다. 붙잡으려 한다고 해서 붙잡을 수도 없었다.

풍-경에 시선을 두었다가 문득 아찔해졌다. 저 멀리 사라지는 속도를 느끼며 스스로에게 물었다. 아득해지는 풍경에는 분명 보고 싶었던 것이 있었을 것이다. 그런데 너무 많은 볼거리를 빠르게 지나치듯 보고 나면 나중에는 무엇을 가장 보고 싶었는지 잊곤 했다. 그리고 어딘지도 모른 채로, 떠밀리듯, 다음 풍경으로 나아가야만 할 것 같았다. 속한 것인지, 속하지 못한 것인지 알 수 없었다.

"내가 언제부터 이렇게 뒤처지기 시작했지?"

사실, 뒤처진 건 아닐지도 모른다. 자기가 탄 열차는 분명 정해진 속도로 달리고 있을 테니까. 그건 제법 빠른 속도였다. 지나가는 풍경을 보려고 고개를 돌리면 언제나 뒤처지는 풍경이 멀어지고 있었지만, 그렇게 돌아서 보는 순간 눈앞에 놓인 풍경이기도 했으니, 그건 눈앞에서 아련히 멀어지며 그를 뒤처지게 만들었다. 어쩐지 허전한 일이었다.
선-뜻 따라가려 한 적도 있었다. 어디로 가든 멈추면 안 된다고 생각했다. 빨리 가면 갈수록 좋다고도 믿었다. 그때는 양손에 무언가를 잔뜩 움켜쥐고 있었다. 그러고도 가능하다면 부지런히 더 챙겼다.

"멈추면 안 돼."

라는 말이 귀에서 울렸다. 방향과 속도에 얽매여 있었다. 멈추는 순간, '나'라는 사람이 사라질 것 같았다.

과-욕이었지만, 그때는 몰랐다. 어느 순간, 무엇을 위해 달리는지도 잊어버렸다. 그는 생각했다. '내가 잡으려 했던 것은 뭘까? 이미 잡은 것들은 왜 이렇게 가볍게 느껴질까?'

태-어나서 지금까지 죽, "무언가를 이뤄야 한다"는 생각으로 살아왔다. 무언가를 이루면 자신의 가치가 증명될 것만 같았다. 넓은 집을 사고, 좋은 차를 사고, 어딘가에서 인정받는 사람이 되어야만 그 삶이 '괜찮다'고 말할 수 있을 것 같았다.
그런데 문득, 기차에서 노트북 화면 너머로 검토하던 숫자는 그에게 묻고 있다.

"이건 네가 원하던 거였니?"

양-손이 텅 비어 있는 걸 알게 된 건 얼마 되지 않았다. 온 힘을 다해 무언가를 붙잡았지만, 그게 자신의 전부가 될 수는 없었다. 아이러니하게도, 그가 가진 것들은 전부, 손이 아니라 어딘가 다른 곳에서 자라고 있었다. 은행 같은 곳을 말하려는 건 아니다. 그보다는 훨씬 더 추상적인 것, 그러나 구체적일 수도 있을…… 그러니까 이를테면 사랑하는 사람들과 작은 웃음들, 그리고 가끔 마시는 따뜻한 커피 한 잔 속에서.
그럼에도, 그러거나 말거나, 열차는 여전히 빠르게 달린다. 어쩌면 무심코 놓친 풍경은 다시 볼 수 없을 것이다.

#3. 지쳐도 삶은 계속되기 마련이고

빨-래를 일주일째 하지 못했다.
간-간이 세탁소에 맡기곤 했지만, 너무 많이 쌓이면 휴일 하루를 잡아서
집 안 청소를 할 때 빨래도 했다. 그러던 어느 날엔가는

풍-선껌을 노트북에 붙여놓은 아이 때문에 화가 잔뜩 난 채로
선-물로 챙겨두었던
과-일 주스를 내어놓지 않았다. 그걸 눈치챈 아이는

태-산이 무너질 듯 주저앉아 울었고,
양-비론에 빠졌다. 노트북에 껌을 붙인 자기도 잘못했지만,
아빠도 잘못했다며.

#4. 가끔은 오래된 풍경을 생각하였다

열차는 여전히 매끄럽게 달렸다. 창밖의 풍경은 빠르게 스쳐 지나갔지만,
아무래도 괜찮았다.

'빨라도 괜찮아. 결국 열차는 나를 데려가야 할 곳으로 데려다줄 테니까. 출장

지라는 게 문제라면 문제지만.'

조금은 허탈한 농담 같지만, 그래도 창밖의 풍경을 바라보며 웃어본다. 그곳에 가면 자주 들르던 우동집에서 저녁으로 냉우동을 먹어야겠다고 생각하며.
냉우동은 어쩐지 늘, 익숙하고도 오래된 저녁의 풍경과 함께 기억되었다. 남자는 다시 노트북을 열었다. 책을 보았다가 노트북을 열었다가 하면서 산만한 채로 그 어떤 것에도 집중하지 못했다. 노트북 화면 속 그래프와 숫자들이 무언가를 말하려 했지만, 그 목소리는 희미했다. 첫째가 태어났을 때만 해도, 종종 꿈을 꾸었다.

'언젠가 하고 싶은 일도 다시 해볼 수 있겠지.'

아련하게라도 그런 생각이 있었다. 하지만 둘째가 태어난 순간, 그 아련함마저 사라졌다.

'이제 나는 없구나.'

아빠로서 해도 될 말인가 싶었지만, 몸은 종종 그랬다. 그래도 '죽었다 생각하며 살자'고 마음먹었다. 모든 걸 접고, 가족을 위해 사는 게 맞다고 믿었다.
하지만 이상하게도 몸은 가끔, 그 말을 따르지 않았다. 휴일이면 무작정 잠만 잤다. 몸이 가라앉는 기분은 익숙해졌지만, 그 익숙함이 불편했다. 육아에 지친 아내 앞에서는 그런 불평을 할 수 없었다. 그랬다가는 서로를 상처 내는 말들이 집안 가득 쏟아져 나올 것 같았다.

'아빠니까, 이런 게 당연한 거야.'

스스로를 다독였다. 열심히 살자는 혼잣말로 마음을 다잡았다. 집 밖에 별을 두고 온 것으로 생각하기로 했다. 어차피 별을 들고 집에 들어올 수는 없으니까.

창밖으로는 막 드러난 새로운 도시의 풍경이 대낮의 햇빛으로 환하게 드러났다. 그는 커튼을 치려다 햇빛에 눈을 찡그렸다. 자신도 모르게, 자극을 받아 기억난 것처럼, 무대 위에서 스포트라이트를 받는 배우 시절을 떠올렸다. 가끔은 조명에 눈이 부시던 순간이 생각났던 것이다. 그때의 그는 꿈을 꾸는 사람이었다. 누군가를 웃게 하고, 자신의 이야기를 들어주는 사람들 앞에서 주인공이 될 수 있다고 믿었다. 하지만 지금은 그런 무대가 없다. 대신 현실이 있었다. 책임, 그리고 자기보다 더 소중한 누군가를 위한 삶.

잘 해내지 못하면 그냥, 무작정 버티는 수밖에 없을 듯했다. 뾰족한 수가 있는 것도 아니지만, 이번에도 잘 해낼 수 있을 거라 믿으며…… 그러기로 했다.

열차가 대전역에 잠시 정차한다는 안내방송이 나왔다. 노트북 화면 속 숫자들은 명확한 채로 모호했지만, 노트북을 다시 열었다. 그는 결론을 도출하지 못한 한숨을 조용히 삼켰다. 숫자들이 흐려 보였지만, 안경 문제는 아닌 듯했다. 그냥, 그것은 그의 일이었다.

그때 문득, 아이들이 떠올랐다. 스포트라이트는 사라졌지만, 작은 위로가 되었다.

대전역에 선 열차의 문이 열렸고 사람들이 드나들었다. 비어있던 통로측 좌석에 중년 여성이 앉았다. 그는 고개를 돌려 바깥의 기차 플랫폼 쪽을 바라보았고, 그때 분주히 움직이는 사람들로 채워진 익숙한 풍경이 드러났다. 별 이유 없이 평범한 풍경을 빤히 보다가, 잠시 눈을 감았다.

때로는 멈춰 서서, 스쳐 지나간 풍경을 떠올리는 것도 나쁘지 않다. 어떤 순간이든 그 순간만의 풍경은 있는 법이고, 놓친 풍경만큼이나 켜켜이 쌓인 풍경도 있는 법이니까. 그런 풍경은 종종 설움도, 아쉬움도, 그리움도 뒤섞인 채 이름을 알 수 없는 감정으로 먹먹하게 번졌다. 익숙하고도 오래된 저녁노을처럼.

'괜찮아. 잠시 무대를 내려와 있지만
언젠가는 다시 올라갈 수도 있겠지.'

비록 거짓일지라도, 지금은 그걸로도 충분했다.

이원희

글쓰기 마니아.

나를 간단히 표현하는 문구로, 개인적으로 좋아하는 표현이다. 프로페셔널과 아마추어 작가의 정체성 사이에서 나 자신의 위치를 되새기는 것이기도 하고, 글쓰기 자체를 좋아해서 그 영역을 넘나들며 **나만의 스타일을 확립**하려는 무모한 사람, 그러나 마니아니까 제약에 상관없이 **글쓰기를 즐기려는 딜레탕트의 마음을 표현**한 것이기도 하다. 그러면서도 '글쓰기맨이야'라고도 들려서 '울트라맨이야'처럼 **글을 잘 쓰고 싶은 욕구**를 드러내기도 했으며, 어찌하다 보니 '맨'이라는 성별도 나오고 만다. 무엇보다도 **'글쓰기만이야'**로 들렸다면 **좋아하는 것이 글쓰기뿐**이라는 어감으로도 느껴져서, 좋다.

1.별명: 점털맨, 애기근육맨, 푸른뿔소.

점털맨은 오른쪽 턱에 있던 점에 털이 난다는 의미였는데, 중학교 때 많이 불렸습니다. '젠틀맨'이라는 어감이 있어 좋기는 했는데, 오른쪽 턱 밑에 있던 점을 뽑으면서, 역사 속으로 사라진 별명입니다. 복점이라고 절대 뽑지 말라던 선생님도 있었는데, 그걸 뽑고 나니 정말 일이 안 풀릴 때가 많아서, 우스갯소리로 "이게 다 복점 뽑아서 이리되었다"고 말하곤 합니다. '애기근육맨'의 경우에는 청소년 시절에 헬스장을 다니다 보니 그렇게 불렸습니다. 고등학교 때 별명으로, 특별한 뜻이 있다기보다는 당시에는 팔씨름을 잘하는 편이라는 오해를 받았던 거죠. 메뚜기근육맨이라고 불렸던 친구와 대칭을 이뤄서 그렇게 불렸습니다. 그러다가 어느 순간 '근육맨'이 빠지고 '애기'라고만 불려서, 사람들에게 많은 오해를 사기도 했고요. 친구들이 '애기'라고 부르면, "누구 애기?" 이러면서 '너네 애인?' 아니면 "우리 애기 근육맨?" 이런 식으로 놀림 받았죠. 당시에는 '친구들 모두의 애기'였던 셈입니다. 푸른뿔소는 오래도록 제가 닉네임으로 썼습니다. 주로 20대 시절의 별명이죠. 문학 동호회 등에서는 '뿔소'로 기억하는 사람이 많았습니다. 이제는 이름 같고요. '희원이'라는 필명은 가장 최근에 쓰고 있습니다.

2. MBTI: 약식으로 간이 질문지를 작성해서 정확하지 않은데, 그때 INTJ라고 판단했습니다. 그런데 저를 아시는 분이 "너가 T라고?"라면서 진심으로 놀라워하기에, 아무래도 INFJ 같다고 생각하기로 했습니다. 그러고 찾아보니 몽상가 스타일이라 맞는 것 같다고 생각하고 있습니다. 실제로는 잘 모릅니다.

3. Animal (띠, 좋아하는 동물): 딱히 없지만, 고양이를 좋아한다고 하면 될 것 같습니다. 강아지도 살짝 끼워놓겠습니다. 코뿔소도 좋아합니다. 푸른뿔소라는 닉네임 때문이지요. "시카고 불스냐 푸른코뿔소냐" 묻는 분도 있던데 사실 저도 잘 모릅니다. 그냥 둘 다인 것 같습니다.

4. Flower (좋아하는 꽃): 꽃의 이름을 잘 모르는 편입니다.

5. 물, 불, 공기, 흙 (4원소 중 끌리는 것): 다중우주론에 끌립니다. 공기도 괜찮습니다.

6. COLOR (좋아하는 색): 파란색을 좋아하는 것 같습니다. 솔직히 딱히 없습니다.

7. 혈액형: A형

8. Space (사는 지역, 살고 싶은 나라): 한국 서울에 살고, 살고 싶은 나라는 딱히 없지만, 넓은 나라에 살고 싶다는 생각은 합니다. 어차피 제가 사는 작은 동네를 벗어나지 못하겠지만요.

9. 별자리: 물병자리

10. 보석 (탄생석, 좋아하는 보석): 처음 알았는데 자수정이라고 합니다. 탄생석이요.

11. 좋아하는 음식: 어렸을 적에는 통닭을 너무 좋아했는데, 지금은 이것저것 다 먹는 편입니다. 홍어를 못 먹습니다. 청국장도 좋아하지 않습니다. 족발은 좋아하는 편입니다. 곰곰이 생각해보니 맥주 안주 위주로 좋아하는 것 같습니다.

12. 좋아하는 날씨: 맑은 날씨를 좋아하지만, 맑은 날에 외출하는 것을 딱히 좋아하지는 않습니다. 다른 사람들이 좋아하니까, 그래도 이왕이면 함께 좋아하자는 심정으로 좋아합니다.

13. 좋아하는 계절: 5월과 10월을 좋아하니 비교적 봄과 가을입니다.

GLOOMY relay 174

175

이미경

제 장례식에
와주셔서
감사합니다

먼저, 공사다망하신 중에 제 장례식에 와 주신 여러분께 유족을 대신하여 심심한 감사를 드립니다. 죽은자가 직접 인사를 드려 놀라셨습니까? 마침 내 달릴 길을 다 달린 이 좋은 날, 어찌 가만히 누워만 있을 수 있겠습니까. '내 장례미사 강론은 내가 직접 하리라' 했던, 제 마지막 버킷리스트를 이루는 이 자리에 와주신 여러분을 진심으로 환영합니다.

대전까지 오는 기차표를 구하기 어렵지는 않으셨는지요. 대전역에 내려서도 버스와 지하철을 환승하며 와야 하는데, 길을 찾느라 힘들지 않으셨나 모르겠습니다. 제가 망자로 맞는 오늘은 벚꽃 보러 나선 봄나들이 차량, 한여름 피서 행렬, 알록달록 단풍놀이로 고속도로가 막히거나 폭설, 폭우가 쏟아졌을지도 모르는, 평범한 삼백육십오일 중의 어느 하루일 테지요. 이승에서 마지막으로 맞은 생일이 제 몇 번째 생일이었을지 알 수 없지만, 설령 '호상'이라고 할 때까지 살지 못했다 하더라도 여기 오시는 발걸음이 너무 숙연하고 무겁지는 않으셨으면 좋겠습니다. 꽃놀이 하러 나서듯, 설레며 해외여행 가는 친지를 배웅하듯 가벼운 마음으로 오셨기를 바랍니다.

인생을 여행에 비유하는 글은 그간 심심치 않게 만날 수 있었지요. 저 역시 때로는 급행열차처럼 빠르게, 때로는 자전거를 탄 듯 여유롭게, 때로는 아픈 다리를 달래가며 산길을 오르는 마음으로 한 생을 살았습니다만, 무엇을 타고 왔든 여행의 최종 목적지는 바로 이곳이었음을 깨닫게 되는군요.

어느 작가는 "멈춰 서서, 스쳐 지나간 풍경을 떠올리는 것도 나쁘지 않다. 어떤 순간이든 그 순간만의 풍경은 있는 법이고, 놓친 풍경만큼이나 켜켜이 쌓인 풍경도 있는 법이니까. 그런 풍경은 종종 설움도, 아쉬움도, 그리움도 뒤섞인 채 이름을 알 수 없는 감정으로 먹먹하게 번졌다."라고 쓰셨습니다. 기차를 타고 오셨든, 자동차를 운전해서 오셨든 귀한 시간을 할애하여 오신 오늘이 여러분에게도 훗날 '나쁘지 않은 창밖 풍경'으로 떠올려지기를 바랍니다.

시부모님과 친정부모님, 제게도 이렇게 네 분의 부모님이 계셨습니다. 그중 시아버님은 남편과 만나기도 전에 돌아가셨기에 이승에서는 한 번도 뵌 적이 없습니다만, 시어머님과 친정 부모님을 보내 드린 세 번의 장례식에는 저도 유족으로 참가했습니다. 효도라는 단어와는 동떨어진 삶을 살았던 제가 그나마 본의 아니게 했던 효도가 있다면, 그분들의 장례식을 제 손으로 치러 드렸다는 거지요. 죽음은 태어난 순서대로 맞는 게 아니니, 그분들이 제 유족이었을 수도 있었습니다. 제가 결정할 수 없고 그 날이 언제든 부름 받은 시간에 앞서거니 뒤서거니 가야 할 길인데, 저를 그분들보다 앞서 불러주지 않으신 하느님께 깊은 감사를 드립니다.

친정 부모님은 두 분 다 병원 중환자실에서 임종하셔서 그분들의 마지막 모습이 어떠했는지 제 눈으로 보지 못했습니다. 그러나 암 투병을 하시다 호스피스에 들어가서 맞으신 시어머니의 임종은 곁에서 지킬 수 있었습니다. 시어머님이 거친 숨을 몰아쉴 때면 착한 시누이들은 "이제 그만 편히 가세요. 존경하고 사랑합니다."라고 말하며 어머니의 저승길에 힘을 보탰습니다. 딸들의 격려가 단말마의 고통을 줄여주었는지는 알지 못합니다. 아무리 사랑하는 사이라고 해도 병을 대신 앓아줄 수 없었듯, 죽음도 대신해 줄 수 없습니다. 오롯이 자기 몫이지요. 그러므로 친정 부모님처럼 아는 사람 없이 눈을 감는다 하여 더 외롭다고 할 수 없으며, 시어머니처럼 가족에게 둘러싸였다가 떠난다 하여 덜 아팠을 거라는 확신도 없습니다. 죽음은 누구나 딱 한 번 경험한다는 점에서 가장 공정하고 공평한 사건이라는 것만 알고 있지요. 임종까지 가는 길이 다르듯, 장례식 역시 사람마다 다르게 치러집니다. 망자의 의견을 존중한다고 하지만 망자보다는 유족이 그 분위기를 좌지우지할 때가 더 많습니다. 세를 과시하듯 평소에 잊고 지냈던 과거의 인연까지 모두 불러 모아 북적북적한 잔치처럼 치를 수도 있고, 행여 망자에 대해 안 좋은 이야기라도 나올까 쉬쉬하며 치를 수도 있습니다.

세 분의 부모님을 보내며, 빈소를 마련하고 조문객을 맞고 장지를 알아보는 등 복잡한 장례 절차는 손위 형제들이 알아서 해주었습니다. 그런데 매 장례 때마다 제가 맡아서 해야 할 일이 있었으니, 그것은 장례미사를 봉헌할 성당과 신부님을 섭외하는 거였습니다. 제 신앙심이 남달리 깊어서가 아니라 가톨릭 장례 시스템을 가장 잘 알고 있고, 남들보다 인맥이 있기 때문이었지요. 저는 성당 위령회의 도움을 청했고, 인맥을 총동원하여 부모님의 장례미사를 집전해 주실 신부님을 찾았습니다.

신부님들은 신자들 면면을 잘 알지 못합니다. 장례미사를 부탁받으면 유족에게 고인의 생전 삶에 대해 묻곤 합니다. 돌아가신 부모님의 삶과 신앙에 관해 써드려야 했던 저는 연필을 잡고서야 비로소 깨닫게 됩니다. 제가 부모님에 대해 아는 바가 거의 없다는 것을요. 그분들이 언제 행복했고, 무엇에 슬퍼했으며, 어떤 일을 후회하고, 마지막으로 무슨 말을 남기고 싶어 했을지 짐작할 수조차 없었습니다. 연필 끝을 물어뜯으며 망자에게 누가 되지 않을 기억들을 긁어모았습니다. 그러나 부모님이 돌아가셨다고 해서 부모님과 극적으로 화해가 이루어지진 않았습니다. 부모님을 보낸 슬픔이 그분들과 있었던 모든 과거를 용서하고 받아들일 만큼 크지 않았는지도 모릅니다. 부모님을 보낸 자식으로서 슬픔이라는 감정 하나에만 몰두해야 할 유족이었으나, 아직 정화되지 못한 관계로 인해 제 슬픔은 순도가 떨어질 수밖에 없었습니다. 거기에 부모님에 대해 아는 게 없다는 자책, 그분들에게 별로 관심이 없었다는 죄책감은 제 눈물조차 악어의 눈물로 의심하게 했습니다. 후회와 자책을 사랑과 이해로 바꾸는 연금술을 발휘하기에 사흘간의 장례식은 너무 짧고 바빴습니다. 좋았던 기억, 고마웠던 일만 떠올리자며 부모님의 삶을 조용히 반추하기에, 장례식장은 너무 분주하고 소란스러웠고요. 얼마짜리 관, 얼마짜리 수의, 얼마짜리 유골함. 그런 것들을 골라야 할 때 비싼 장례용품의 무용함을 떠올리는 저는 진작에 그분들의 뜻을 물어봐 놓지 않음을 후회했습니다.

돌이킬 수만 있다면 다시 이야기하고 싶었고, 다시 사랑하고 싶었고, 다시 이해하고 싶었습니다. **사랑은 살아 있을 때 할 수 있고, 회한이 섞이지 않은 진정한 슬픔 역시 살아 있는 순간에만 그 가치가 유효하다는 것을 그제서야 깨달았던 겁니다.**

오늘 여기 오신 분들은 각자 차이는 있어도 모두 저를 사랑해 주신 분들입니다. 제 부고를 듣고 "그리 얄밉더니 잘 죽었네."라고 내심 반겼다거나, 제가 죽었거나 살았거나 아무런 관계가 없다는 분들이 이곳에 오셨을 리는 없으니까요. 그러나 여러분이 저를 사랑해서 여기에 오셨다고 해도, 제가 한평생 사랑받을 일만 하지는 않았다는 걸 압니다. 제가 부모님의 장례 미사 원고를 준비하면서 느꼈듯이, 각자의 기억에 따라 제 삶이 실제와 달리 폄하, 왜곡될 수도 있고 반대로 미화될 수도 있기에 제 마음을 직접 전하려 합니다. 제 삶이 실제보다 부풀려지기를 원치도 않고, 제가 무덤까지 숨기고 싶어 하는 과거의 잘못들이 빈소의 안줏거리로 올라가는 것도 싫습니다. 그래서 지금 이 자리에서 청합니다. 제가 마음 아프게 해드린 것이 있다면 너그럽게 다 용서해 주십시오. 인간적인 허물과 약점을 핑계 삼아 더 많이 사랑하지 못했던 것도 부디 용서해 주십시오. 혹여 제가 살면서 여러분에게 잘한 일이 털끝만큼이라도 있다면, 제가 구천을 너무 오래 떠돌지 않기를 기도해 주세요.

무거워진 분위기도 환기할 겸, 장례식에 오셨으니 망자가 미리 준비한 꿀팁 몇 가지를 알려드릴게요. 장례미사를 구상하고 미리 준비하는 것은 결혼식을 준비하는 것보다 더 까다롭더이다. D-Day를 정해 놓을 수도 없고, 잔치를 치를 장소나 시간도 내 뜻대로 정하기 어려우니까요. 계획한 대로 근사하게 아듀를 고할 수도 있으나 자칫 잘못하면, 먹고 난 그릇 설거지도 못한 채 갑자기 떠날 수도 있고, 친정 부모님처럼 자식들 얼굴도 보지 못하고 가야 할 수도 있습니다. 모든 가능성이 열려 있는 상태에서 미리 준비할 수 있는 것은 어떤 것이 있을까요.

'영정 사진은 지나친 뽀샵을 하지 말아야 사람들이 나를 알아보겠지? 최대한 자연스럽게 웃는 사진을 골라 저장해 놓아야지. 가능한 최근 모습으로 꾸준히 업그레이드를 하자. 파일명은 '화양연화'. 영정 사진이라는 파일명은 괜히 우울하잖아.'

'납골당을 내 몫으로 미리 분양받아 놓은 건 정말 잘한 선택이었어. 아이들이 급히 알아보고 구하려면 꽤 번거로울 테니. 마이너스 통장과 카드 요금은 바로바로 처리하자. 유산은 못 남길지언정 빚더미를 물려 주고 가진 말자고.'

'내 장례미사 때 시작 성가는 〈아무것도 너를〉로 해달라고 하자. 모든 것은 다 지나가는 것이라는 아빌라의 데레사 기도만큼 장례미사에 어울리는 성가는 없지. 내가 가장 좋아하는 기도문이기도 하고. 하지만 가뜩이나 무거운 장례미사에 축 처지는 성가만 부르는 건 노잼. 고별식이 끝나고 난 뒤 마침 성가는 〈지금은 헤어져도〉가 어떨까? 정말 딱 어울리는 노랫말 아닌가?'

"우리가 지금은 헤어져도 하나도 슬프지 않아요.
그저 뒷모습이 보였을 뿐 우린 다시 만날 테니까.
아무런 약속은 없어도 서로가 기다려지겠지요.
행여 소식이 들려올까 마음이 묶이겠지요.
어쩌면 영원히 못 만날까 한 번쯤 절망도 하겠지만
화초를 키우듯 설레며 그 날을 기다리겠죠

우리가 지금은 헤어져도 모든 것 그대로 간직해 둬요
다시 우리가 만나는 날엔 헤어지지 않을 테니까."
(해바라기 노래)

이야기가 너무 길어졌군요. 이제 진짜 마지막 인사를 나눠야겠습니다. 먼저, 유족 자리에 있을지 아니면 저보다 먼저 하늘에 갔을지 모르는 남편에게 말합니다. 허랑방탕하게 살고 있던 나를 아내로 거두어 준 당신, 두 아이를 함께 낳아 키우면서 내게 최선을 다해 준 당신에게는 고맙다는 말만 하고 갑니다. 조곤조곤 보드라운 당신과는 달리 거칠고 불뚝거리며 화를 잘 내던 나를 인내하며 성실하게 살아준 당신이 고맙고 또 고맙습니다. 당신 덕에 한평생 외롭지 않았습니다. 하지만 만약 다시 태어난다면 부부로 만나지는 맙시다. 아, 서운해하지 말아요, 다음 생에는 나보다 훨씬 더 젊고 멋진 여자를 만나길 바라는 마음에서 하는 말이니까.

내 아들딸아, 너희는 하느님이 나에게 주신 가장 귀한 손님이자 보물들이었단다. 너희들이 아니었으면 내 삶은 얼마나 무료하고 어두웠을까. 너희들 덕분에 웃을 수 있었고, 너희들과 함께 성장하면서 내 삶의 의미를 찾을 수 있었구나. 엄마는 마음 바르고 반듯하게 자라 준 너희들이 자랑스럽기만 하다. 그러니 어디에서든 당당하고 기쁘게 어깨 쫙 펴고 살려무나. 남매끼리 데면데면하지 말고, 엄마 없다고 쫄지도 말고!

이 자리에 와주신 친구였던, 동료였던, 후배였던, 제자였던 여러분에게도 인사를 드리겠습니다. 살아 있는 동안 제게 나눠 주신 사랑에, 저를 위해 모아 주신 마음에 감사드립니다. 저를 위해 흘리신 보석 같은 소중한 눈물은 하늘로 잘 가져가겠습니다. 사랑은 살아 있는 사람만 할 수 있고, 슬픔 역시 살아 있는 사람만이 느낄 수 있는 소중한 감정입니다. 다하지 못한 사랑을 살아 있는 지금, 각자의 자리에서 더 채우시기를 바랍니다. 그리고 우리는 어느 날 보이지 않는 바람이 되어, 알아볼 수 없는 흙이 되어, 잡을 수 없는 물이 되어 다시 만나기로 해요.

오늘 제 장례식에 왕림해 주시고 긴 이야기를 들어주셔서 다시 한 번 감사를 드립니다. 댁까지 돌아가시는 길도 부디 평안하시기를 빕니다. 참! 제가 드리는 답례품은 아니오나, 돌아가실 때는 대전역에 들러 성심당 빵을 꼭 드시고 가시기 바랍니다. 제가 떠나거나 말거나 세상은 어제와 다름없이 돌아갈 테고, 그 집의 빵 맛 역시 어제와 다름없이 여전히 맛있을 테니까요.

제가 부모님의 장례미사 원고를 준비하면서 느꼈듯이, 각자의 기억에
따라 제 삶이 실제와 달리 평가, 왜곡될 수도 있고 반대로 미화될
수도 있기에 제 마음을 직접 전하려 합니다. 제 삶이 실제보다
부풀려지기를 원치도 않고, 제가 무덤 까지 숨기고 싶어하는 과거의
잘못들이 빈소의 안줏거리로 올라가는 것도 싫습니다. 그래서 지금
이 자리에서 청합니다. 제가 마음 아프게 해드린 것이 있다면
너그럽게 다 용서해 주십시오. 인간적인 허물과 약점을 핑계 삼아 더
많이 사랑하지 못했던 것도 부디 용서해 주십시오. 혹여 제가 살면서
여러분에게 잘한 일이 털끝만큼이라도 있다면, 제가 구천을 너무 오래
머물지 않기를 기도해 주세요.

  무거워진 분위기도 환기할 겸, 장례식에 오셨으니 망자가 미리 준비한
꿀팁 몇 가지를 알려 드릴게요. 장례미사를 구상하고 미리 준비하는 것은
결혼식을 준비하는 것보다 더 까다롭더이다. D-DAY를 정해 둘 수도
없고, 장치를 치를 장소나 시간도 내 뜻대로 정하기 어려우니까요.
계획한 대로 근사하게 마무를 고할 수도 있으나 자칫 잘못하면,
먹고 난 그릇 설거지도 못한 채 갑자기 떠날 수도 있고, 친정
부모님처럼 자식을 얼굴도 보지 못하고 가야 할 수도 있습니다.
모든 가능성이 열려 있는 상태에서 미리 준비할 수 있는 것은 어떤
것이 있을까요.

'영정 사진은 지나친 뽀샵을 하지 말아야 사람들이 나를 알아보겠지?
최대한 자연스럽게 웃는 사진을 골라 저장해 놓아야지. 가능한 최근
모습으로 꾸준히 업그레이드를 하자. 파일명은 '화양연화', '영정 사진'이라는
파일명은 왠지 우울하잖아.'

'납골당을 내 몫으로 미리 분양받아 놓은 건 정말 잘한 선택이었어.
아이들이 급히 알아보고 구하려면 꽤 번거로울 테니. 마이너스 통장과
카드 요금은 바로바로 처리하자. 유산은 못 남길지언정 빚더미를 물려 주고

morning glory

글방구리

O…글방구리라는 **필명**을 쓰기 전에는 '**종이배**'라는 서정적인 별명을 갖고 있었다. 공동육아 어린이집 교사시절 아이들이 '**바다**'라는 별명을 지어주었는데, 약하고 변덕스러운 나 자신과 바다는 어울리지 않는다고 생각했다. 바다 안에서 있는 줄 없는 줄 모르게 떠다니는 작은 종이배라면 모를까. 공동육아 교사를 하기 전에는 신문사와 출판사 등지에서 글 쓰고 책 만드는 일을 하며 먹고 살았다. 공동육아 교사를 그만둔 지금은 동네에서 '**글방구리**'라는 이름의 글쓰기 모임을 한다. 모임에 오는 초등 글동무들은 대부분 어린이집에서 첫 인연을 맺은 아이들이다. 똥 닦아 달라고 엉덩이를 내밀던 녀석들과 같이 책을 읽고 글을 쓰고 인생을 논한다.

O…MBTI를 검사할 때면 내가 다중인격자임을 실감한다. 검사할 때마다 결과가 변온동물처럼 바뀐다. T와 F 성향에서는 언제나 F로 나오지만 E와 I, S와 N, J와 P는 시소처럼 양쪽으로 오간다. MBTI나 애니어그램 같은 성격 유형 검사뿐 아니라 혈액형, 타로 카드와 역학, 심지어 화투 운세를 떼는 것도 재미있어 한다. 그러나 돈을 주고 점집을 가본 적은 한 번도 없는, 오래된 천주교인이다. 신앙에 목숨을 바친 순교자의 DNA가 내 몸 어딘가에 박혀 있음을 잊지 않으려 애쓰는 중이다.

O…**나는 봄이 좋다.** 특히 **봄에 피는 꽃들**이 좋다. 나는 내가 매화를 가장 좋아하는 줄 알았다. 매화가 피는 걸 가까이 보고 싶어 마당에 매실 나무를 심고 그 향기 속에 취해 살았다. 그런데 몇 년이 지나고 나서 그 나

무가 매실나무가 아니고 개살구나무라는 걸 알게 됐다. 그간 매화라고 감탄하며 본 꽃이 개살구꽃이요 매실청이라고 담가 마신 것이 개살구청이었던 게다. 그 후로는 매화를 특정하지 않고 이른 봄에 피는 꽃들을 다 좋아한다고 말한다. 매화, 벚꽃, 살구, 복숭아 같은 봄꽃 봄나무들의 얼굴을 다 알아볼 수 있는 날이 진짜 철드는 날이라고 생각한다.

O…미아리 혜화동 같은 서울 강북에서만 살아 그곳에 뼈를 묻을 줄 알았으나 어찌 하다 보니 '빵잼도시' **대전**에 내려오게 됐다. 몇 해 전에는 아파트 생활을 청산하고 도시 속 시골로 이사했다.
'하루'라는 이름을 가진 계단이 많은 집이다.
나보다 늦게 태어나 언제나 나보다 젊은
남편과 서로에게 별 관심을 안 두면서도
속이 깊은 아들과 딸, 그리고 세 사람
보다 더 관심과 사랑을 달라고 울어
대는 세 마리 고양이와 함께 하루에서
하루하루 감사하며 사는 중이다.

열 한 번째 이야기

엔딩의 시작

누나가 죽었다. 그녀의 죽음으로 누군가는 웃고 누군가는 울고 있다. 죽음의 끝이 꼭 해피엔딩이어야 할까. 마지막 페이지가 비극으로 끝나면 희망은 없는 걸까. 흑과 백 사이 회색이 존재하듯, 웃음이 반드시 기쁨을 뜻하진 않는다. 평안을 느끼는 지점이 정상이 아니라 바닥일 수도 있다.

행복과 불행은 상대적이다. 부족함 없이 완벽해 보여도 생을 포기하는 자가 있는 반면 벼랑 끝에 서 있어도 끈질기게 나아가는 자가 있다. 갑작스러운 죽음과 예정된 죽음 어느 쪽이 덜 고통스러울까. 당연하게 이어지던 아침이 마지막 날이라면, 어느 날 갑자기 죽음이 선고된다면?

하나뿐인 누나가 죽었다. 철저히 완벽한 혼자가 되었다. 준비된 죽음이었을까, 사고였을까. 명확한 원인이 밝혀지기도 전에 빈소가 차려졌다. 얼렁뚱땅 넘기려는 검은 그림자와 십 년 넘게 연락 끊은 친척이라는 작자가 득달같이 달려들었다. 지긋지긋한 핏줄. 끊을 수만 있다면 단칼에 끊어내고 싶었다. 지하 단칸방에서 겨우 목숨 부지할 땐 본 체도 안 하더니 돈 냄새는 기막히게 맡고 달려든다.

사망보험금과 각종 위로금이 나왔다. 공장 부도로 종적을 감춘 부모는 십 년이 지났지만 여태 생사조차 알 수 없었다. 그 당시 결석과 조퇴를 반복하던 누나는 결국 학교마저 그만두게 되었다. 열일곱에 가장이 된 그녀는 돈 되는 일이라면 어떤 일도 마다하지 않았다.

술 취해 들어온 어느 새벽, 그녀가 오랜만에 미소를 지으며 말했다.

"주형아, 돈 걱정 안 해도 돼. 내가 대학까지 꼭 보내줄게. 딴생각 말고 공부 열심히 해야 해."

열여덟 생일을 맞이한 3월, 누나는 본격적인 생업에 뛰어들었다. 그리고 피기도 전 사그라드는 꽃봉오리처럼 하루하루 시들어갔다. 어쩌면 누구보다 잘 알고 있었지만, 그녀의 고통을 모른 척했는지도 모른다. 우리는 시커먼 아가리를 벌린 세상에 방치된 먹잇감이었다. 누나는 십 년 만에 팔십 먹은 노인같이 늙어 버렸다.

"주형아, 잘 들어. 우는 건 오늘까지야. 무서워하지 마, 누나가 평생 널 지켜줄게."

집과 부모를 한꺼번에 잃은 날, 일곱 살 아이는 바지에 오줌까지 지렸다. 동생 옷을 말없이 갈아입히며 다독이던 누나는 어디로 사라진 걸까. 밤하늘 별보다 반짝이던 눈빛을 누가 지웠을까. 더 이상 그녀는 웃지도 잠들지도 않았다.

"에이, 재수 없는 년. 처음 올 때부터 기분 더럽다 했지. 몸값 한다 싶으니까 차에 부딪혀 뒈져버리네. 제기랄!"

저들이 지껄이는 헛소리처럼 우연히 일어난 비극일까. 아니면 누나 스스로 놓아버린 걸까.

그녀가 VIP 손님을 접대하고 돌아오던 밤, 교통사고가 났다. 운전자가 음주운전을 했다는 둥 보행자가 뛰어들었다는 둥 흉흉한 소문이 돌고 돌았다. 평생 지켜준다던 누나가 생을 포기했을 리 없다. 누군가 그녀를 죽인 게 분명하다. 업소 사장과 가해자 차주는 서둘러 사건을 마무리했다. 스물일곱 해밖에 살지 않은 내 누이, 꽃 같은 누이를 누가 마음대로 저울질한단 말인가. 그녀의 삶을 어떻게 돈으로 측정할 수 있단 말인가. 피가 거꾸로 치솟는 것 같았다.

"우리 누나 살려내! 니들이 죽인 거야. 사람 하나 죽여놓고 돈으로 입막음하면 다야? 누나는 니들같이 더러운 새끼가 함부로 대할 사람이 아니야. 그런 대우 받을 사람이 아니라고, 다 죽여버릴 거야!"

"허 참, 어린놈이 배짱 하나 좋네. 그년이 죽고 못 사는 동생이 하나 있다더니 이 새끼가 보네. 떼쓰지 말고 돈이라도 줄 때 받아가. 제기랄, 재수 옴 붙었네. 당장 끌어내!"

들끓는 마음과 달리 육체는 터무니없이 나약했다. 모래성보다 쉽게 무너질 줄이야. 누나는 열일곱에 동생을 지켜줬는데 정작 나는 무엇도 할 수 없었다. 꿈속이 아니라면 이곳은 무중력 공간이 틀림없다. 몸뚱이 하나 가누지 못하면서 어떻게 그녀의 죽음을 지켜낸다는 걸까.

이틀 동안 기절한 듯 잠들었다. 이대로 영원히 잠들길 바랐지만, 사흘째 되는 날 깨어났다. 잠든 사이 누나 물건이 몽땅 사라졌다. 그들 짓이 틀림 없다. 이불깃을 꽉 움켜 쥐었지만 몸이 말을 듣지 않았다. 목소리조차 나오지 않는다. 저들이 누나를 빼앗고 내 영혼과 목소리마저 훔쳐간 게 분명하다.

"으으우어어흐흑... 흑⋯."

가슴에 가득 찬 분노와 달리 짐승의 울부짖는 소리만 흘러나왔다.

울다 잠들고 울다 지쳐 다시 잠들길 반복했다. 그러다가 바라본 창밖. 그녀 머리카락을 닮은 오렌지빛 여명이 피어나고 있었다.
'새벽인가, 저녁인가.'
몸인지 마음인지 모를 통증이 느껴졌다. 그때 탁자 위에 미처 보지 못한 편지가 보였다. 언제부터 있었지? 떨리는 손으로 편지지를 펼쳐 보았다.

'하나뿐인 내 동생 주형이에게

설마 아직도 어린애처럼 울고 있는 건 아니겠지? 이 편지를 읽고 있을 때 누나는 다른 세상에 있을지도 몰라. 너를 지키는 마지막 선택이니까 너무 원망하지는 마. 모든 삶을 빈틈없이 꽉 채워야 하는 건 아니잖아. 난 비우고 싶어. 그동안 세상은 너무 무겁기만 했잖아.

혹시 엄마 아빠가 우릴 두고 도망갔던 날 기억하니? 돈 되는 물건이란 물건은 다 챙겨가고 엄마가 바르던 로션 하나 달랑 남아 있었잖아. 별생각 없이 로션 뚜껑을 열고 손바닥에 톡톡 두드렸는데 한 방울도 안 나오더라. 향만 은은하게 나더라고. 아, 정말 미치도록 슬픈데 화가 나서 펄쩍 뛰고 싶은데 오히려 다행이다 싶은 생각이 들었어. 엄마에 대한 미련까지 싹 털어버릴 만큼. 다 쓴 로션 한 병 남긴 부모라니…. 자식에 대한 사랑, 추억, 미련 그딴 거 다 내팽개치고 간 거잖아. 오히려 후련했어. 냄새만 남은 사랑, 추억은 힘이 없잖아. 오히려 잔인한 끝이 살아갈 힘을 주더라고. 그러니까 너무 아파하지 마. 이제 누나의 길을 가는 것뿐이야.

참, 사망보험금 나온 거 있지? 대학 졸업할 때까지 등록금 걱정은 없을 거야. 업소 사장이 위로금이랍시고 몇 푼 더 얹어줄 테고.

주형아, 죽음은 더 이상 새드엔딩이 아니야. 누나는 이제 가벼워. 다 비워냈으니 무엇이든 될 수 있어. 내가 비운 삶을 이젠 네가 멋지게 채워줘. 그게 누나가 바라는 해피엔딩이야. 사랑해, 내 하나뿐인 동생.'

편지는 여기서 끝이 났다. 아랫부분에 몇 줄 썼다 지운 흔적이 있었다. 누나가 지운 내용은 이렇지 않았을까.

'이젠 어떤 불행도 비극도 우리에게 올 수 없다. 내가 모든 걸 삼키고 떠났으니 무결하다. 가장 순결하고 고운 색으로 살아갈 수 있다. 이번 엔딩은 내가 만든 최초의 시작이자 마지막 엔딩이다.'

이야기 끝이 '고난과 역경을 이겨낸 주인공이 행복하게 살았다'라는 흔해 빠진 해피엔딩일 필요는 없다. 누나가 만든 끝은 어떤 엔딩보다 고귀하니까. 이제 그녀가 남긴 여백을 어떤 엔딩으로 마무리할까.

창을 열고 숨죽여 울던 공기를 떠나보냈다. 가장 연약했던 날을 흘려보내고 가장 아팠던 순간을 날려 보냈다. 너와 나 우리로 존재했던 날마저 흩어지면 삶은 다시 0에서 시작된다. 그녀가 남긴 끝이 곧 새로운 출발점이 될 것이다. 현관문을 열면 갓 도착한 아침이 나를 맞이하듯이.

진아

INFJ 내향형 생명체로, 춤추며 글 쓰는 사람입니다. 차오르는 열기를 몸짓과 글짓으로 풀어냅니다. 인생의 쓴맛을 일찍 맛본 탓에 달달한 디저트로 매일 중화시킵니다. 춤출 때, 읽고 쓸 때 가장 행복합니다.

세상에 존재하는 모든 춤과 언어를 사랑합니다. 노트북 키보드 두드릴 때 느껴지는 리듬감을 좋아합니다. 종이에 닿는 사각거리는 연필소리를 좋아합니다. 하얀 종이에 새겨질 이야기를 매일 기다립니다. 쓰면 쓸수록 심장소리가 생생해집니다. 어떤 말이라도 계속 쓸 수 있을 것 같습니다. 마지막 순간까지 쓰는 사람이고 싶습니다.

1 **별명**: 아주 작고 조그만 체형 덕분에 어릴 땐 '돌콩' 커서는 '엄지공주'가 되었답니다.

2 **MBTI**: 불쑥불쑥 ENFJ를 갈망하는 '200% INFJ'입니다.

3 **좋아하는 동물**: 동화 속 귀여운 외모에 반하고 난 뒤로 '사막여우'를 줄기차게 좋아합니다.

4 **좋아하는 꽃**: 그림 같던 꽃이 어느새 마음 한가운데로 들어왔습니다. 살아서 흩날리는 벚꽃을 좋아합니다.

5 **좋아하는 원소**: '흙'이 주는 편안함과 보드라움을 좋아합니다.

6 **좋아하는 색**: 갈수록 은은하고 고요한 빛깔이 눈에 들어옵니다. 연보라색, 연분홍색을 좋아합니다.

7 **혈액형**: O형. 성격은 여러 혈액형이 섞인 듯 오묘하지만 결론은 'O'입니다.

8 **사는 지역**: 경남 / 살고 싶은 나라: 정열과 낭만적 퇴폐가 공존하는 이탈리아에 가보고 싶습니다.

9 **별자리**: 황소자리

10 **보석(탄생석)**: 수정

11 **좋아하는 음식**: 초콜릿, 빵. 편식 없는 둥글둥글한 식생활을 즐깁니다. 특히 달달하고 말랑한 디저트를 좋아합니다.

12 **좋아하는 날씨**: 맑고 화창하게 개인 날씨를 기다리지만 종종 비 내리는 아침도 좋아합니다.

13 **좋아하는 계절**: 벚꽃이 눈처럼 휘날리는 봄을 좋아합니다.

열 두 번째 이야기

그럼에도
웃을 수 있다면

"누님, 의외로 잘 웃기시네요."

대학교 때 동아리 후배가 내게 한 말이었다. 말 수가 적고 다가가기 어려워 보이는데 막상 대화를 하면 익살스러운 말을 툭툭 내뱉으니, 재미있다며 밥을 사 달라고 하는 후배들이 있었다.

어느 날 그들과 식사를 하고 나오는데 후배 P가 무거워 보인다며 내 가방을 들어주겠다고 했다. 나는 말했다.

"괜찮아, 돈이 빠져나가서 안 무거워."

"으하하, 누님 가방에 동전이 꽉 차 있었나 보네요."

폭소가 터졌다.

내향적인 성격과 달리 나는 남을 웃기는 일에 적극적이었다.

웃음은 우리에게 많은 긍정적인 영향을 준다.

웃을 때 우리 몸속에는 행복 호르몬인 엔도르핀이 분비된다. 면역 체계를 관장하는 감마 인터페론은 웃을 때 200배로 증가한다고 한다.

미국의 기자였던 노먼 커즌스는 저서 '웃음의 치유력'에서 '웃음은 유효기간이 없는 최고의 양약이며 병을 막아주는 방탄조끼다'라고 했다. 실제로 그는 온몸이 굳어지는 병으로 시한부 판정을 받았으나 웃음 치료를 통해 완치되었다. 그가 한 웃음 치료는, 매일 각종 코미디 영화, 유머집을 보며 실컷 웃는 것이었다.

영국의 희극 배우 찰리 채플린은 유머가 인생의 어두운 면을 밝히는 등불이라고 했다. 그는 "당신이 미소를 짓는 것만으로도 인생은 여전히 살 가치가 있다는 것을 알게 될 것이다."라는 말로 웃음이 내면에 미치는 영향을 강조

했다.

웃음은 인간관계에서도 큰 역할을 한다. 함께 웃음으로써 동질감과 친밀감이 생기고, 서로에게 한 걸음 더 다가갈 수 있는 계기가 마련된다.

내가 사람들을 웃기는 일이 그들의 건강과 행복을 바라는 내 마음의 선물이라고 한다면 그것은 지나친 표현일까?

중학교 때였다. 그날따라 아버지의 뒷모습이 쓸쓸해 보였다. TV도 안 보시고 혼자 소주잔을 기울이고 계셨다. 왠지 열네 살 때 돌아가신 어머니 생각으로 울적하신 것 같아 아버지를 즐겁게 해 드리고 싶었다.

나는 어깨쯤 오는 머리카락을 앞으로 모아 얼굴 전체를 가리고 그 위에 안경을 썼다. 틈 사이로 거울을 보니 스타워즈에 나오는 악당 다스베이더나, 달걀귀신쯤으로 보였다. 아버지의 어깨를 톡톡 두드렸다. 무심결에 뒤돌아 보시던 아버지가 화들짝 놀라시더니 이내 호탕하게 웃으셨다.

"이게 뭐꼬, 하하하."

아버지는 금세 밝아지셨다.

고등학생이던 오빠들에게도 웃음은 배달되었다.

"오빠, 전깃줄에 참새 두 마리가 앉아 있는데 사냥꾼이 한 마리를 쐈어, 그 참새가 떨어지면서 뭐라고 했는 줄 알아?"

"모르겠는데?"

"짹!"

싱거운 유머라도 좋았다. 공부에 지친 오빠들은 내 얘기에 배꼽을 잡으며 웃었다. 학업의 고달픔을 웃음으로 달래고 있었다.

"유머는 사람 사이의 거리를 좁히는 다리이다."
미국 코미디언 밀튼 베를이 한 말이다.
고등학교 1학년 때 나는 반장이었다. 사교성이 적고 내성적이어서 반장으로 적합한 성격이 아니었다. 통솔력도 발휘하지 못하고 활발한 친구들 틈에서 다소 위축되어 있었다.
당시 국어 시간에는 '5분 스피치'라는 수행평가가 있었다. 자신이 정한 이야기를 5분 동안 조리 있게 발표하여 공감을 이끌어 내는 활동이었다. 나는 단 하나, 웃기고 싶은 마음뿐이었다. 그때 떠오르는 것이 내가 매일 자면서 꾸는, 앞뒤 안 맞는 황당한 꿈 얘기였다.
내 차례가 왔다.
"저는 매일 잠잘 때 꿈을 네 개씩이나 꿉니다." 손가락 네 개를 폈다. 친구들이 집중하기 시작했다.
"꿈속에서 저는 허구한 날 쫓깁니다. 뒤에서 저를 잡으러 오는데 발은 도대체 뭘 하고 있는지 움직이지를 않습니다."
"하하하하하."
나뭇잎만 뒹굴어도 웃는다는 그녀들을 웃기는 건 어렵지 않았다.
"그리고 맨날 낭떠러지로 떨어집니다. 제 키가 얼마나 크려고 이러는지 모르겠습니다. 가장 큰 문제는 하루가 멀다 하고 시험을 본다는 것입니다."
깔깔거리는 소리가 교실에 메아리쳤다.
"어느 날 문제를 푸는 데 너무 잘 풀리는 것입니다. 이러다가 전교 1등도 하겠다 싶었습니다. 그런데 종료를 앞두고 시험지를 뒤집어 봤더니, 세상에, 뒷장에도 문제가 빽빽하게 있는 것입니다."

그녀들은 박장대소를 했다. 5분 스피치 주제로 대개가 평범한 일상 이야기였고 모범 답안 같은 내용들이었기에 내 이야기는 색다른 느낌을 주었다.

"여러분, 꿈이 주는 교훈은 꿈을 토대로 평소의 생활을 되돌아보라는 것입니다. 쫓길 만큼 비양심적인 행동을 하지는 않았는지, 공부를 꾸준히 하고 있는지 말이죠. 그 무엇보다 말입니다,"

나는 진지한 표정을 지었다.

"시험 칠 때는 특히, 뒷장을 조심하셔야 됩니다, 여러분!"

우레와 같은 박수가 쏟아졌다. 나는 환호를 받으며 퇴장했다.

리더십이 부족했던 나였지만, 급우들이 내 말에 크게 호응하고 웃어 줌으로써 나의 능력을 재발견하고 자신감을 갖는 계기가 되었다. 웃음이라는 매개를 통해 친구들과 더욱 가까워지고 더 큰 호감을 얻게 되었다. 대중들이 유머가 많은 리더를 좋아하는 이유는 권위 의식에서 내려와 그들과 눈높이를 맞추려 하기 때문일 것이다.

고등학교 2학년 때의 이야기다. 엄마가 교통사고로 석 달간 입원하신 적이 있다. 의식 회복이 더뎌 사람을 잘 못 알아보실 때에도 왠지 울고만 있긴 싫었다. 병원 앞 포장마차에서 오빠들과 어묵, 순대를 사 먹으며 유쾌한 얘기를 나누었다. 그 웃음 안에 미래에 대한 불안과 불확실성을 잠재우고 엄마가 회복될 것이라는 희망을 꽉 채웠다. 우리들의 밝은 태도가 완치를 향한 믿음과 의지를 불어넣어 주었던 것일까. 엄마는 눈에 보이게 호전되어 갔고, 마침내 석 달 동안의 입원을 끝내셨다.

입사를 비롯해서 새로운 집단에 소속될 때마다, 벽을 낮추기 위한 방법으로 늘 웃음 코드를 사용해 왔다. 뻑뻑해진 기계에 기름칠을 하듯 경직된 인간관계에서 유머는 윤활유 역할을 해줄 수 있다. 요즘도 나는 여전히 사람들을 웃기려고 한다.
"신발을 신고 현관문을 열려고 하는데 양손에 가방을 하나씩 들고 있지 뭐예요. 하나는 장 볼 때 들고 가는 가방, 하나는 모임 때 들고 가는 가방."
"학교 바로 옆에 교육청이 있다니, 집 근처에 시댁이 있는 상황이네요."

가끔, TV에 방영된 적이 있는 나태주 시인의 토크쇼를 본다. 그분의 진지한 인생철학을 듣고 싶어서만이 아니다. 진솔하고 겸손한 이야기 속에 쉴 새 없이 튀어나오는 유머와 위트가 있기 때문이다. 삶의 무게에 짓눌려 숨조차 쉴 수 없을 때, 그 웃음 하나가 심연의 나를 밖으로 끄집어내어 준다. 한바탕 웃고 나면 움츠린 마음이 헐거워지면서 평온이 찾아온다. 나는 나태주 시인의 글 못지않게 그분의 해학을 배우고 싶다. 벼랑 끝에 서 있더라도 웃을 수 있다면 상황은 더 빨리 반전될 수 있지 않을까?
웃음에는 힘이 있다. 그 힘을 믿고, 웃음이 뿜어내는 빛줄기를 따라 함께 걸어가 보면 좋겠다.

자세히 보아야 예쁘다
오래 보아야 사랑스럽
너도 그렇다

나태주. 풀

고운로 그 아이

톡톡 터지는 꽃망울,
날개를 활짝 펴는 나비,
쏘옥 고개 내미는 새싹,
눈 비비며 나오는 다람쥐,
이윽고 녹아 흐르는 강물.

봄처럼 깨어나는 삶을 노래합니다.

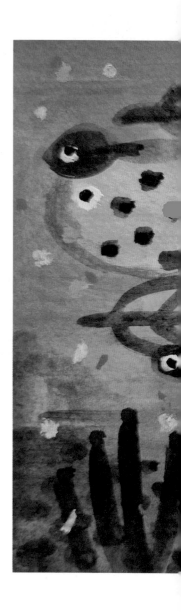

열 세 번째 이야기

ㄴ 에게

넌 나에게 모욕감을 줬어. 그것도 그냥 모욕이 아닌, 심한, 아주 심한….
너도 한번 생각이란 걸 해봐. 어때? 양심에 찔리는 거 없니? 저 봐, 저 봐!
아직 무슨 말인지 몰라 눈만 멀뚱거리고 있네. 그래서 내가 모욕을 당하고
있는 거야. 내 옷을 좀 보라고, 사이즈를 말이야. 넌 알고 있잖아?
S, M, L, XL, XXL... 내가 뭘 입든?
롱다리에 늘씬 날씬, 너를 기준으로 입었잖아. 키는 큰데 몸은 호리호리
해서 XL을 입으면 헐렁하고, M을 입으면 기장이 짧고, S를 입으면 아이
돌 걸그룹 같아서 난리가 났더랬지. 버스를 타고 손잡이를 잡으면 겨드랑
이랑 배꼽이 살짝 드러나곤 했는데, 부러워 미쳐 죽는 시선을 느끼는 것도
그닥 나쁘진 않았어. 너를 기준으로 모든 옷들을 다 소화시킬 수 있는 완
벽한 몸매의 소유자였지. 의류 매장 사장님이 하던 소리, 귀에 못이 박히
도록 들었잖아?
"어머나, 어쩜 옷이 딱 맞춘 것처럼 잘 맞을까요? 바지 기장이랑, 어깨가 완벽
하게 들어맞아요. 혹시 브랜드 디자이너님이랑 절친 아니신 가요? 너무 딱 맞
아서 제가 더 신기해요."
그러면서 끝에 뭐라고 했는지, 어디 네가 한번 들은대로 말해 봐?
"옷 장사의 보람은 바로 고객님 같은 분을 만날 때가 아니겠어요. 호호."
꼭 그 말 때문은 아니지만 빈손으로 나온 적은 없었지.

L, 너도 알다시피 내가 단 한번이라도 다이어트 한다고 밥을 굶던? 약을
먹거나 운동을 한 적이 있던? 밥은 밥대로, 빵이며, 간식에 야식까지 먹어
도 살이 찌지 않아서, 신이 내린 몸매라고 칭송 받지 않았던? 회식 나가면

내가 다 쓸어먹었잖아. 사무실에 들어오는 간식도 다 내 차지인거 알지?

"어머나 이렇게 맛있는 것을 가져오시고…. 요즘 빵 값도 많이 올랐더라고요. 잘 먹고 일 많이 하겠습니다. 감사합니다."

내가 세 번 네 번, 절하는 거 봤지? 난 단거 들어올 때 제일 신나더라. 입이 신나니까, 기분이도 마구마구 신나고, 뱃살도 신났지 뭐야. 어느 날, 새우깡을 먹고 있는데 홈쇼핑에서 '배우, 전지현'이 선전하는 등산복을 판매하는 거야. 마침 등산복 살 때가 지나서 홈쇼핑으로 주문을 했지. 어라, 이게 무슨 일? 바지가 껑겨서 허벅지에서 안 올라가는 거 있지? S를 주문했나 싶어서 봤더니 네가 맞더라. 다시 재킷을 입어보았지. 어라? 왜 또 이래? 가슴 쪽에서 지퍼가 안 올라가는 거 있지? 원래 등산복은 기성복보다 작게 나온다는 말이 맞았나봐. 그래서 반품을 하고 다시 신청을 했지. 음~ 그냥 옷장에 넣어뒀어.

야! 야! 야! L!

네가 가면 간다고 말을 해줘야 되는 거 아니니? 그렇게 밤도망 가듯 달아나는 게 어디 있니? 지금 내가 어떻게 변한 줄 알아? 고무줄 바지가 아니면 입지를 못해. 얼마 전 꼭 끼는 바지를 입고 고속버스를 탔다가 죽을 뻔했어. 아랫배가 당기고 헛배가 불러와서 방구가 엄청 나오는 거야. 휴게실 화장실에서 십 분간 방구만 뀌다 나왔어. 몸맵시 날렵하던 시절이 훅 가버리고 펑퍼짐한 뚱땡 아줌마가 앉아있더라고.

'저기요? 누구세요?' 나도 나를 알아보지 못하겠는 거 있지.

S, M은 그림의 떡이 된지 오래야. 이미 떠나버린 옛사랑의 그림자들이

지. 나의 영원한 짝, 너마저 날 떠나지 오래야. 순간의 방심이 치명상을 안겨준 거지.

얼마 전 처음으로 다이어트를 해볼 요량으로 천변으로 산책을 나갔드랬어. 세상에나~ 자그마한 발발이, 시츄, 푸들, 예쁜 강아지들이 참말 많더라. 강아지 구경하느라 걷지를 못하겠더라고. 내가 왜 강아지만 쳐다봤게?
그래, 난 참 눈치가 빨라. 운동이 필요 없는 사람들이 운동을 하고 있는 거야. 몸매가 착 달라붙은 레깅스를 입고 활기차게 걸어가는데, 자꾸 비교가 되는 거 있지. 강아지만 쳐다보며 천변다리까지 왔지. 여기에서 되돌아가는 코스거든. 와~ 나, 또 거기에서 못 볼 것 봤잖아.

교각 난간에 세 줄로 굵은 쇠파이프 같은 것으로 경계를 지어 놓은 거 알지? 이 미터 가량 높이 세워 뒀을걸. 아니, 레깅스녀들이 위험천만하게시리 난간 제일 윗줄에 다리를 척 올리고 스트레칭을 하는 거야. 그러다 넘어지면 어쩌려고? 양팔을 쭉 펴서 운동화 발끝을 잡고 있더군. 아마 나 같은 주부가 아니라, 요가 선생이나 헬스 트레이너, 체육이나 무용계에서 일하는 사람들이 분명해. 이 사람들은 몸매가 재산이잖아. 그니까 저렇게 늘 관리를 해야 하는 것이겠지. 치열하게 사는 사람들 참 많더라.

내가 소싯적에 그렇게 다리를 쭉 뻗고 있으면 아줌마들의 수근 거리는 소리가 들리곤 했었어.

"와우~ 진짜 몸매 유연한 거봐. 활처럼 휘어지네. 사극에 나오는 무술 하는 사람 같아."
난 그렇게 수군거리는 아줌마들이 더 이상했었지. '아니, 이렇게 쉬운 게 안 된다고?'
이제 내 입에서 저 소리가 저절로 나올 줄이야.

그날 레깅스녀 들이 다리 난간에 발을 쭉 뻗고 스트레칭을 하는 모습에 겁나 스트레스를 받았지 뭐야. 저녁밥을 굶기로 했지. 나 원~참, 잠이 안 오는 거야. 과자부스러기를 먹어도 양에 차지 않아서 할 수 없이 다시 밥을 지어먹었지. 그때서야 잠이 잘 오더라. 물론 다이어트도 중요하지만 수면의 질도 아주 중요하다는 것을 깨달았어. 또, 무슨 일이 있었는지 알아?

며칠 전 모임에 갔는데, 아 글쎄, 보리굴비 한식집이지 뭐야. 너무너무 신나서 맛있게 먹었더니 선배가 깨작깨작 젓가락질을 하면서 나를 물끄러미 바라보며 말하는 거야.
"참 먹는 것도 복스럽네. 난 우울해서 그런지 입맛이 통 없어. 먹고 싶은데 먹지 못하는 것이 얼마나 큰 고통인줄 알아? 건강할 때 많이 먹어둬."
그러면서 나한테 굴비를 통째로 넘기는데, 진짜 감동받았어. 횡재했지. 난 왜케 밥이 맛있을까? 쌀밥에 깻잎 장아찌 하나만 먹어도 맛있엉. 밥이 달아. 아주 달아. 식사가 끝난 자리에서 우울증을 앓고 있다는 선배님이 나한테 말했어.
"우리 후배님은 절대로 우울증 안 걸리겠어. 매사에 둥글둥글 긍정적이잖

아. 이렇게 밝은 사람을 보면 나까지 즐겁고 행복해. 즐거움과 웃음의 바이러스 보유하신 후배님, 얼굴 보여줘서 고마워요."

그래, 내 최대 장점은 '웃음'과 '즐거움'이야. 밥 잘 먹는 것 만 봐도 흐뭇하다잖아. 그게 무슨 큰일이라고 칭찬을 받을까싶지만 어린 아기들이 웃는 것을 보면 저절로 미소가 그려지는 거랑 같지 않을까? 누군가 또 이 글을 보며 웃을지 어떻게 알아? 우울증의 강적은 웃음이거든. 그래서 난 앞으로 더더욱 잘 먹기로 결정했어.

L, 좀 전에 화내서 미안. 넌 그냥 가던 길 가. 잡지 않을게. 새 친구와 친해지고 싶어. 아니, 이미 친해졌어, 낙낙하고 째이지도 않고 딱 좋아. 사람과 옷은 편한 게 젤이야. 아마도 널 볼일이 없을 것 같아. 낼 모래 전지현 등산복이랑 너랑 M, S, 정리할거야. 그동안 고마웠다. 우리 다시 만날 날은 없겠지?
잘 가.

가을과 고양이와 명자 꽃, 특히 노을 지는 저녁 강변길을 무척 좋아합니다. 물비늘이 수면위에서 고루 반짝이며 노을과 함께 어둠속으로 잠들어가는 풍경을 바라볼 때면 내 안의 심연이 파르르 흔들리는 것을 느끼곤 합니다. 돌아오는 길에 들꽃을 바구니에 담아 음악이 흐르는 창가에 놓아두고 싶습니다. 누군가 들려주는 이야기들을 볼륨을 높이고 귀를 기울이고 싶지는 않으신가요?

그런 면에서 저의 글쓰기는 저물녘 강변길에 만나는 윤슬이며 갈대입니다. 들꽃이고 철새입니다. 강물이며 바람입니다. 초로의 나이에 아름다운 풍경을 바라보거나 마음 고운 사람들을 만나면 주책없이 몸이 마구 떨려옵니다.

반가움, 설레임, 그리움.

'오렌문학상 글벗님'들이 저를 이토록 떨리게 한다면 믿으시겠나요?

글벗님들과 함께하는 이 시간이 참 좋습니다. 함께 모여 책까지 만들다니요? 이 자리를 빌어 거듭 오렌님에게 감사를 전하오며 벗님들과도 강변길을 자주 걷고 싶어집니다. 모두 평안하시고 행복하시길 기원합니다.

-겨울 산사에서 해조음 드림

{ 해조음 }

열 네 번째 이야기

완벽한
가면 뒤에

자신이 믿고 의지했던 사람에게서 느끼게 되는 공포는 때때로 아주 작은 문 하나를 경계로 전혀 다른 세계로 이어진다.

그레이스가 겪는 지옥은 집이라는 공간, 그리고 부부라는 이름 밑에서 펼쳐진다. 처음에는 너무도 화려하고 달콤해서 의심조차 할 수 없었던 잭의 달변과 배려는, 서서히 그녀를 고립시키고 옭아매기 위한 허울에 불과했다는 사실을 알게 될 때, 독자의 마음에는 깊은 침잠과 슬픔이 동시에 밀려온다.

결혼 전까지 잭은 모든 면이 흠잡을 곳 없는 인물로 비쳤다. 품격 있고 경제적으로도 여유로운 전문직 변호사, 곁에 있을 때 스스럼없이 밀리(그레이스의 여동생)를 돌봐 주는 따뜻한 사람. 그런 남자와 함께라면 그레이스의 평범한 삶도 조금쯤은 빛나게 될 것 같은 기대감이 있었다. 그러나 신혼여행 첫날밤부터 드러난 그의 공포스러운 본성은 사랑을 위장한 폭력을 일상에 들이밀었다.

이 모든 혼란을 불러일으킨 것은 표면적인 완벽함이었고, 완벽함에 눈이 먼 그레이스는 스스로 서 있던 땅이 얼마나 허약한 진창이었는지 깨닫지 못했다. 이 소설이 주는 우울함은 거짓된 환상과 숨 막히는 진실이 교차하는 지점에서 더욱 짙어진다. 잭은 부인의 모든 일거수일투족을 통제하고, 그녀를 완벽한 아내로 연출해 이웃에게 보여준 뒤 문이 닫히면 형언할 수 없는 방 안에 가두어 버린다.

결혼이라는 건 원래 사랑과 신뢰의 결합이어야 한다. 그런데 이 작품에서의 결혼은 가장 안전해야 할 문이 숨 막히도록 좁게 닫힌 채, 한 사람이 다른 한 사람의 숨통을 쥔 무대가 되고 만다. 그레이스는 선택지도, 편지도, 친구에게 전할 소소한 안부조차도 차단된 상태로 무력하게 갇힌 인형처럼 보인다. 특히 잭이 가하는 정신적 학대는 독자가 상상할 틈조차 없이 끔찍하게 밀려든다.

육체적 폭력만큼이나, 아니 어쩌면 그보다 더 가혹한 것은 그녀가 외부에 도움을 구해도 아무도 믿어주지 못하도록 미리 세심하게 조작하고 교묘하게 가스라이팅을 일삼는 행위다.

그는 탈출하려는 그레이스의 의지를 짓밟고 "어차피 넌 벗어날 수 없어"라는 메시지를 끊임없이 주입해 절망으로 몰아넣는다. 실제로 누군가가 이토록 준비된 괴물처럼 행동할 수 있다는 사실이 서늘한 충격을 준다. 이 모든 파멸의 한가운데서도 가장 고통스러운 순간은 동생 밀리를 떠올리는 장면이다. 그레이스에게 밀리는 단순히 가족이 아닌, 함께 웃고 걸어가고 싶은 전부에 가깝다. 부모로부터도 제대로 인정받지 못했던 동생을 지키기 위해, 그레이스는 잭에게 무조건 굴복하지 않으려 애쓴다.

하지만 그러면 그럴수록 그녀의 자유는 더 심하게 구속당하고 밀리에게 다가가는 길은 점차 막힌다. 한 번씩 밀리를 만나러 갈 기회마저 잔인하게 빼앗길 때마다, 그레이스가 느꼈을 절망으로 인해 독자들 또한 깊은 우울로 빠져들고 만다. 아이러니하게도, 이렇게 고통스럽고 절망적인 상황이 존재하기에 그레이스는 끝내 **"벗어나야 한다"**라는 희미한 희망을 쥐게 된다.

그녀가 몇 번이고 도망치다가 번번이 실패하고 벌을 받는 과정을 읽을 때면, 숨 쉴 틈도 없이 비극이 밀려와 가슴이 답답해진다. 동시에, 정도를 넘은 억압이 결국은 자신 안에서도 무엇인가를 끌어올릴 수밖에 없다는 사실을 보여준다. 그녀가 해야만 하는 일이 비참하고 절박할수록, 그레이스는 스스로를 끊임없이 다그치면서 살아 있고 싶다는 본능을 깨닫는다.

그러나 그 길이 결코 아름답다고 할 수는 없다. 희망을 향해 걸어가는 발걸음 하나하나가 이미 모래폭풍 속을 헤쳐 나가는 고통이기 때문이다. 읽다 보면 놓칠 수 없는 묘한 안타까움도 깃들어 있다.

그레이스가 처음부터 잭의 본성을 알아차릴 기회가 전혀 없었던 것은 아니다. 한 번이라도 그의 미심쩍은 행동을 눈치채고, 두려움을 느꼈다면 결과가 달라졌을까. 그러나 사랑은 때로 인간의 이성을 마비시킨다. 개선의 여지가 보인다면 누르고 싶은 의심도 많아지고, 신뢰해야 한다는 스스로의 강박감은 사회적 편견이나 자기 자신이 세운 이상 등 여러 이유로 더욱 강화되곤 한다.

결국 그녀의 비극이 너무 극단적이지만, 현실에서도 비슷한 감정의 결이 있기에 독자의 마음에 지독한 죄책감과 연민을 한꺼번에 불러일으킨다. "왜 알면서도 피하지 않았느냐" 하는 화살이 곧 우리 자신을 겨누기 때문이다. 닫힌 문 뒤에서 벌어지는 일은 멀리서 보면 흐릿하게 보이거나 아예 보이지 않기도 한다. 누군가에게는 럭셔리한 외식과 즐거운 파티, 가꾸어진 정원 한 구석에서 여유롭게 웃고 있는 완벽한 부부가 전부일 것이다. 그러나 그 문이 닫히는 순간, 그 안에서 벌어지는 일은 동시에 너무나도 가까운 지옥으로 변해 버린다.

〈비하인드 도어〉는 그 어둠의 간극을 잔혹한 방식으로 보여주면서, 현실에서 우리가 얼마나 쉽게 눈을 감는지 돌아보게 만든다. 결국 이 소설에서 느껴지는 우울함은 단지 한 여인의 비극적 결혼생활을 넘어, 현실에도 비슷한 그림자가 도사리고 있을 수 있다는 씁쓸함에서 기인한다. 완벽해 보이는 미소 뒤에 놓인 폭력, 자신을 구원할 방법이 없을 것 같은 절망, 그리고 가장 사랑하는 것을 지키기 위해 스스로 괴물이 될 수도 있음을 깨닫게 되는 인간의 어두운 자화상.

어쩌면 이 이야기는 결코 남의 일처럼 흘려버릴 수 없는 우리 모두의 슬픈 그림자일지도 모른다. 그 문을 차마 열어볼 수 없는 사람들의 숨죽인 신음, 그레이스가 하루하루를 견뎌 내기 위해 태연함을 가장해야 했던 서글픈 장면들을 다시금 되새기면, 마음속에 깊은 먹구름이 드리운다. 잔혹한 폭력의 포박에 스스로를 묶인 채, 그래도 사랑하는 이를 구해야 한다는 본능만으로 끝없는 어둠 속에서 길을 찾아 헤매던 그 모습은 결코 짧게 머물다 사라질 풍경이 아니다.

그래서 이 소설을 덮고도 한참을 가슴이 저릿한 채로 남아 있게 된다. 그것이 〈비하인드 도어〉가 선사하는, 고통스럽고도 우울한 여운이다.

《비하인드 도어》(영어: Behind Closed Doors)는 B. A. 패리스의 2016년작 장편 스릴러 소설로, 작가의 데뷔작이다. 대한민국에는 arte 출판사에서 이수영의 번역으로 출간되었다.[1]

벨라Lee

사람들과 어울리는 즐거움도 좋지만, 요즘 그녀의 마음을 사로잡은 건 독서와 글쓰기입니다. 조용한 방 안에서 책장을 넘기고 글을 쓰는 시간이 그녀에겐 가장 뜨거운 열정의 순간입니다.

이제 그녀의 인생은 새로운 장(章)을 써 내려가고 있습니다. 음악을 사랑하는 마음으로 시작된 여정이 이제는 글쓰기라는 새로운 무대에서 빛나고 있습니다.

부끄럼쟁이 아줌마의 조용한 열정이 어떤 아름다운 이야기를 만들어낼지, 우리는 그녀의 다음 글을 기다리며 설레고 있습니다.

열 다섯 번째 이야기

그녀는 지금
어디 있을까?

그녀는 스물일곱에 엄마가 됐다. 아이는 잔병치레가 많은 것을 빼고는 별로 손이 가지 않았다. 아빠한테도 잘 안겨서 먹고 자고, 잘 놀았다. 그녀의 나이 서른한 살에 둘째가 생겼다. 첫 아이를 낳은 지 4년 만이었다. 4년은 생각보다 긴 시간이었다. 그녀는 출산과 육아가 너무도 낯설었다. 게다가 둘째는 엄마한테서 떨어지려 하지 않았다. 남편에게 아이를 맡기고 잠깐 외출이라도 하려면 진땀을 빼야 했다. 너무도 사랑스러운 아이였지만 그녀는 지쳐갔다.

첫째 아이는 여섯 살에 유치원에 갔다. 등원 첫날, 엄마 손을 놓고 신나게 유치원 버스에 올라타더니 웃는 얼굴로 연신 손을 흔들어 댔다. 자연스럽게 엄마와 떨어지는 모습이 기특하고 고마웠다. 둘째가 다섯 살이 되었다. 12월 말에 태어난 아이라 또래보다 한참 작고 어렸다. 아이는 아직 엄마와 떨어질 준비가 되지 않은 것 같았다. 그렇지만 그녀는 첫째 아이 때처럼 기다려주지 않았다. 아니 그러지 못했다. 10년 가까운 육아에 지친 그녀는 단지 몇 시간 만이라도 숨통이 트일 시간이 필요했다. 급기야 그녀는 아파트 단지 내 어린이집에 둘째 아이를 보내기로 했다.

집에서부터 엄마 손에 억지로 끌려온 아이는 계속 도리질을 했다. 그녀는 날마다 아이와 실랑이를 해야했다. 아이에게 미안했지만 포기할 수 없었다. 그녀는 우는 아이를 어르고 달래서 어린이집 선생님에게 안겨 주고 운전학원으로 내달렸다. 세상 밖으로 나갈 수 있는 가장 빠른 방법이 운전이라 생각했기 때문이다. 운전 연습을 마치고는 기능대학 어학실로 달려갔다.

두 가지를 다 해내려면 시간도 비용도 만만치 않게 들었다. 그녀는 날마다 숨이 턱까지 차도록 뛰었다. 콩나물값도 아껴야 했다. 하지만 그 시간만큼 은 누구의 아내도 누구의 엄마도 아니었다. 그냥 학생이었고 그냥 그녀 자신이었다. 그게 좋았다.

집에 돌아오자마자, 그녀는 다시 완벽하게 엄마로 변신해야 했다. 아이들 오기 전에 세탁기 돌리고 청소하고 간식을 준비했다. 아이가 집에 오면 동네 놀이터로, 때론 이웃집으로 마실도 다녔다. 저녁을 먹고 나면, 아이들에게 책을 읽어주고 남편과 함께 아이들을 토닥여서 재웠다.

'엄마 모드'가 끝나는 순간이다.

서른다섯 살 그해, 그녀는 그렇게 종일 달리고도 무언가 허전했다. 아이 돌보고 집안일 하느라 몸과 마음이 지쳤다고 생각했다. 어느 날 남편은 아내를 위해 한 가지 꾀를 내었다. 아이들을 재우고 함께 나가자 했다. 처음엔 둘 중 한 녀석이라도 깰까 봐 조마조마했지만, 잠시만 잊기로 했다. 택시를 타고 도착한 곳은 휘황찬란한 나이트클럽 골목이었다.

10년 만에 만난 불야성의 세상은 혼돈 그 자체였다. 처음엔 너무 시끄럽고 눈이 부셔서 정신이 없었다. 아이들 키우기에 딱 알맞은 조용한 동네에서 엄마로만 살다가 날벼락을 맞은 듯했다. 그런데 시간이 지날수록 몸이 적응했다. 시끄러운 음악에 맞춰, 그녀는 어느새 손과 발을 까딱대고 있었다. 남편 손을 끌고 플로어로 나갔다. 박자고 뭐고 없었다. 그냥 머리부터 발끝까지 흔들어 댔다. 신나는 음악이 끝나고 블루스 타임이 왔다. 그녀는 끈적거리는 음악에 맞춰 남편에게 꼭 붙어서 흐느적거렸다.

아침이 되면 다시 엄마로, 아빠로 살아야 하기에, 자정이 되기 전에 아이들이 기다리는 세상으로 돌아왔다. 아쉬워서 몇 번을 뒤돌아보았는지 모르겠다. 유리구두를 떨어뜨린 신데렐라의 심정이 그런 것이었을까? 집에 오는 길에 남편은 오랜만에 다시 만난 소란스럽고 현란한 세계가 어땠는지 소감을 물어봤다.

"신났어! 진짜 재밌었어! 또 가고 싶다!"

그녀의 남편은 화들짝 놀랐다. 아이들 옆에서 조금이라도 떨어지면 큰일 나는 줄 알던 아내가 폭탄선언을 한 것이다. 남편은 육아와 살림에 지친 그녀가 하룻밤 신나게 놀고 나서, 다시 완벽한 엄마와 아내로 돌아오길 바랐던 것 같다. 하지만 완전한 착각이었다. 그 뒤로도 그녀는 가끔 울적할 때면 '그 현란한 세계로' 가자고 졸랐다. 남편은 자기 발등을 자기가 찍었다고 구시렁대면서 마지못해 몸을 일으켰다. 하루 종일 엄마로, 주부로, 또 학생으로 시간을 쪼개 내달렸는데도, 그녀는 그저 신이 났다. 그 끼를 어떻게 감추고 10년 세월을 조용히 살았는지 지금 생각해도 웃음만 나온다.

언젠가 한 번은 남편이 화장실에 다녀오겠다고 해서 어두컴컴한 자리에 혼자 앉아 무대를 바라보고 있었다. 갑자기 웨이터 한 명이 다가와 혼자 왔냐고 넌지시 물어보더니 다른 사람들과 합석시켜 주겠다고 했다. 일행이 있다고 했지만, 막무가내로 다른 쪽 테이블로 끌고 가려 했다. 그녀는 질기고 질긴 웨이터의 손을 뿌리치고 절대로 안 된다고 화를 내며 거부했다. 그 웨이터는 아쉽다는 표정을 지으며 다른 쪽으로 털레털레 걸어갔다.

화장실에 다녀온 남편에게 그 짧은 시간 동안 겪었던 일을 무용담처럼 떠벌렸다. 웨이터가 쫓아와서 '부킹'(나이트클럽에서 웨이터가 즉석에서 남녀가 합석하도록 하는 것) 당할 뻔했다고, 아직 미모가 시들지 않은 것 같다고 깔깔댔다. 나중에 알고 보니 웨이터들은 끼리끼리 온 남녀를 짝지어 주고 수당을 챙긴다는 거였다. 이런들 어떻고 저런들 어떠하리. 기분이 좋았으니 상관없었다.

그렇게 그녀는 낮과 밤이 다른 생활을 눈 깜짝하지 않고 해냈다. 그러던 어느 날 그녀는 갑자기 춤추고 노는 게 재미없어졌다. 이유는 알 수 없었다. 그냥 열심히 공부하고 아이들 잘 돌보는 예전의 엄마로 돌아왔다. 그때까지 묵묵히 기다려준 남편이 고마웠다. 현란하고 소란스러운 클럽 분위기를 싫어하면서도 끝까지 함께해준 그이에게 감사패라도 주고 싶다.

이 글을 쓰면서 처음으로 그때 일들을 털어놓았다. '너희들이 잠든 사이에 엄마는 잠깐씩 다른 세상에서 살다 왔노라.' 고백했다. 이제 둘 다 성인이 되었기에 거리낄 것이 없다고 생각해서였다. 아이들은 동그래진 눈을 하고 말했다.

"진짜로? 말도 안 돼, 상상도 못 했어!"
"우리 엄마는 모범생인 줄 알았는데, 완전 속았잖아!"

아이들은 엄마의 숨겨진 모습에 놀라고 또 신기해했다. 엄마에게도 그런 시절이 있었다는 것이 믿기지 않는 듯했다. 아이들에게 엄마는 그냥 늘 엄마였으니까. 아이들과 이야기하다 보니 문득 궁금해졌다. 서른다섯 살 '그 밤의 그녀'는 지금 어디 있을까? 영영 사라진 걸까? 언젠가 어디선가 그 끼가 다시 튀어나올 순간을 기다리고 있는 건 아닐까?

일 년 365일 날마다 읽고 쓰고 또 읽으며 하루를 보냅니다. 세상의 책을 모두 읽어버릴 것처럼 호기롭게 도서관을 누비고 책을 사들였지만, 새 발의 피일 뿐이라는 걸 깨달았습니다. 이제 그저 읽고 싶은 책을 읽으며 행복하게 지내니 그보다 더 좋은 일이 없습니다.

1. 어릴 적 별명은 **꼬마, 꼬맹이, 또순이**였습니다. 어릴 때 쪼그맣고 똘똘하다고 붙여진 별명들인데 이젠 아무도 그렇게 부르지 않죠.

2. **내향형과 계획형**은 확실한데 그 나머지는 검사할 때마다 다르게 나옵니다. MBTI는 질문에 답하기가 너무 어렵습니다.

3. **닭**띠구요. 좋아하는 동물은 딱히 없는데 **고양이**가 자꾸 끌리네요. 도도한 매력이 자꾸 돌아보게 만듭니다.

4. 한여름에 뜨겁게 존재감을 보여주는 **능소화**를 좋아합니다. 오늘 꽃말을 찾아보니 '**여성, 명예, 이름을 날림**'이라고 하네요. 속마음을 들킨 것 같아 쑥스럽네요.

5. **공기**. 내 삶의 근원이죠. 어디에나 있지만 존재감을 느끼지 못해 당연하다고 생각하는 것에 대한 미안함도 한몫합니다.

6. **연보랏빛** 좋아합니다. 저는 아미거든요. 방탄소년단 중에는 RM 남준을 제일 좋아합니다.

7. **AB형**입니다. 상반된 두 혈액형이 공존해서일까요? 참 변화무쌍합니다. 제 일생의 업적은 30년을 넘기고 있는 결혼생활입니다. 결혼하면서 가장 큰 걱정이 '1년을 넘길 수 있을까'였거든요.

8. **물병자리**입니다. 퍼내도 퍼내도 계속 물이 차오르는 화수분 같은 물병이 되고 싶습니다.

9. 대한민국 **인천**에 살고 있습니다. 자연과 가까운 곳에 살고 싶은데 게으름이 도시를 떠나지 못하게 붙들고 있습니다. **자유**를 찾아 떠날 수 있는 그날이 오기를 기원합니다.

10. 탄생석은 **자수정**입니다. **겨울 아이**거든요. 제일 좋아하는 보석은 **다이아몬드**입니다. 다이아몬드는 온갖 색을 다 품고 있어서 좋습니다.

11. **된장국, 순두부탕** 등 속을 편하게 해주는 음식을 좋아합니다. 속이 여리거든요.

12. **햇살이 가득한 날**이 좋습니다. 해가 사라지면 우울모드 발동합니다.

13. **화창한 시월의 어느 날**이 제일로 좋습니다. 산책하기도 좋고 책 보기는 더더욱 좋습니다. 겨울은 너무 춥고 여름은 너무 더워요. 봄은 변덕이 심한 저를 많이도 닮아 그저 안쓰러웠는데 이젠 **새싹 돋는 봄**도 가을만큼 사랑스럽습니다.

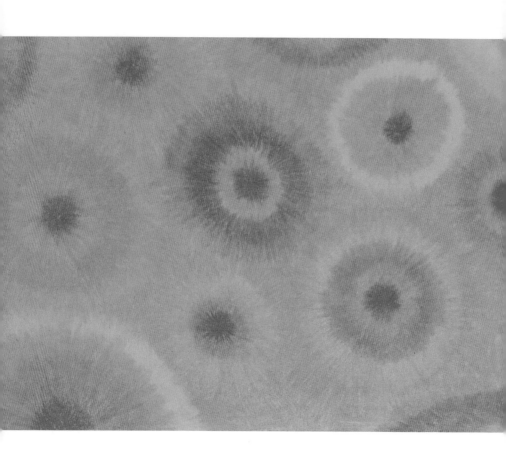

GLOOMY relay 232

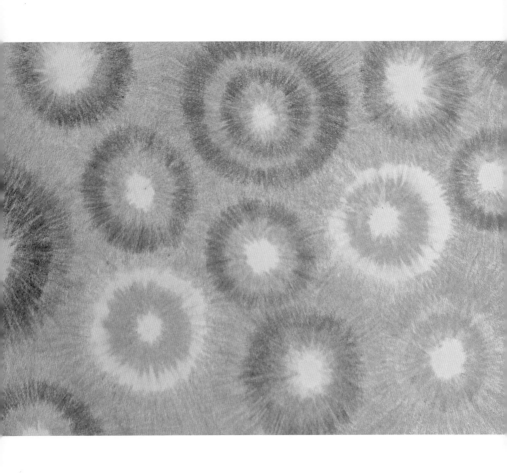

233

열 여섯 번째 이야기

방바닥
블루스

방바닥 노래

내가 어렸을 때 엄마는 방바닥에 누워 노래를 불렀다.

개나리 우물가에 사랑 찾는 개나리 처녀
종달새가 울어 울어 이팔청춘 봄이 가네~

너울 너울거리는 노랫가락을 쫓아가다 보면 방바닥 한가운데 엄마가 있었다. 체크무늬 베개를 베고 오른팔 손등을 이마에 올리고 왼쪽 다리는 편하게 세우고 왼쪽 손은 몸과 나란히.

'까닥까닥'

검지손가락은 노랫가락의 박자에 따라 까닥까닥 움직였다. 엄마의 노랫소리는 너무 작아서 코에서 나오는지 입에서 나오는지 알 수 없었다. 가끔은 배꼽에서 나오는 것도 같았다.

조금 자랐을 때 앉아서 부르는 엄마의 노래를 들었다. 친목회 야유회를 갔다. 45인승 관광버스 안에서 어른들은 술을 마시고 노래를 불렀다. 참으로 낯선 광경이었다.

그날 나를 더 낯설게 했던 것은 앉아서 노래하는 엄마였다. 엄마의 노래가 입도, 코도, 배꼽도 아닌 몸 전체에서 뿜어져 나오는데, 세상을 삼킬 듯한 저 소리가 엄마의 몸 안에서 있었다고 생각하니 엄마가 낯설고 이상했다.

부뚜막 가수

엄마는 전라도가 아닌 경기도 광주에서 태어났다. 외할아버지는 면서기 출신의 동네 이장이었다. 외할머니는 바깥에서 농사짓는 걸 안살림보다 좋아했다. 가난하지 않았지만 딸에게 공부까지 시키지 않았다. 안살림은 맏딸인 엄마 몫이었다.
엄마의 유일한 취미는 라디오에서 흘러나오는 노래를 따라 부르는 것. 당시 농촌에는 집마다 가정용 스피커가 달려있었다.

엄마의 최애 프로그램은 'KBS민요 잔치'. 누에를 치다가도 부뚜막에 앉아 밥을 짓다가도 라디오에서 경기민요가 나오면 따라 불렀다. '공부'와 다르게 '노래'는 누가 가르쳐주지 않았는데도 잘한다는 느낌이 들었다고 했다. 구르고, 꺾고, 높이 올랐다가 조용히 스며드는 소리가 엄마의 목젖을 타고 자유자재로 흘러나왔다.

아니 아니 노진 못 하리라
창문을 닫혀도 숨어드는 달빛
마음을 달래도 파고드는 사랑

숨길 수 없는 엄마의 노래는 부뚜막 너머 안채를 넘어 대문 밖까지 새어 나갔다. 밥 잘 짓고, 노래 잘 부르는 김이장집 큰 딸로 소문이 났다. 엄마는 더 이상 부뚜막 무대만으로는 성에 차질 않았다.

KBS공개방송

가수가 되고 싶었다. 엄마는 KBS 민요 잔치 공개방송이 가수가 되는 등용문처럼 생각되었나 보다. 민요 잔치 공개방송에 나가고 싶었다. 지금으로 치자면 전국 노래자랑일까? K-POP 오디션 프로그램일까?

1967년 가을, 시골 아가씨의 깜찍한 계획은 실행에 옮겨진다. 하늘이 점지해 준 날을 찾았다. 서울 고모할머니의 생신날. 생신 다음 날이 KBS 민요 잔치 공개방송일이었다.

외할머니는 신문지에 둘둘 만 쇠고기 2근을 함께 보냈다. 거짓말도 아니니 찔릴 것 하나 없는 1박 2일의 외출. 엄마는 생신 다음 날 일찍 다시 집으로 간다고 말하고 고모할머니네 집을 나섰다. 택시 요금이 얼마나 하는지, 거리는 얼마나 되는지 알지도 못하면서 맹랑한 시골 아가씨는 택시를 타고 공개방송이 열리는 남산 드라마센터에 도착한다.
"다음 출연자는 심수정 양, 20살 꽃처럼 어여쁜 아가씨입니다. 무대로 모시겠습니다"

배덕환 아나운서의 소개를 받고 엄마는 무대에 올랐다. 심수정은 가명이었다. 본명으로 방송에 나갈 수 없었다. 외할아버지 귀에 들어가는 날에는 밥상이고 술상이고 상이란 상은 다 엎어질 게 뻔했다.

갈색 나팔바지에 감색 카디건을 입은 20살 심수정은 단감처럼 발그레한 얼굴로 무대에 올랐다. 그리고 본인이 가장 잘 부르는 '창부타령'을 멋들어지게 부르는 데 성공한다.

꿈의 장원

그날의 장원은 엄마 차지였다. 단감처럼 발그레하던 얼굴은 홍시처럼 붉어졌다. 밥 잘 짓고, 노래 잘 부르던 부뚜막 가수였던 심수정 양은 그토록 바라던 'KBS 민요 잔치'의 주장원이 되었다.

당시 심사위원이 이창배, 안비취 명창이었다. 아직 다듬지 않은 창법을 가졌으나 본래 가진 목소리가 맑고 청아하다 했고 잘 다듬으면 좋은 가수가 되겠다고 말했다.

상금은 무려 만원. 당시 짜장면 값이 40원이었으니, 만원은 시골에서 마을 잔치를 해도 남을 돈이었다. 하도 두근거려서 장소팔, 고춘자 씨의 만담은 귀에 들어오지 않았다.

공개방송이 끝나고, 나가려고 하는데 이창배 심사위원이 엄마에게 명함 하나를 건넸다. 그분이 운영하는 민요학원 명함이었는데 기회가 되면 민요를 정식으로 배워보라고 했다.

그때 엄마는 20살. 쌍꺼풀이 있는 큰 눈, 오똑 솟은 콧대를 가진 누에고치처럼 희고 순수한 아가씨였다.

다시, 방바닥 노래

엄마는 드라마 주인공이 되지 못했다. 외할아버지를 도저히 이길 자신이 없는 엄마는 이창배 명창이 운영하는 민요 학원 명함을 부뚜막 아궁이에 던져버렸다.

26살까지 계속 밥을 짓다가 서울 사는 노총각 아빠를 만나 결혼한다. 아빠는 7남매 맏이였다. 6남매 맏딸의 삶보다 7남매 맏며느리의 삶은 더 고되었다. 부뚜막에 앉아 노래를 부르던 아가씨는 방바닥에 누워 노래를 부르는 아줌마가 되었다.

가끔 친목회 야유회나 환갑 칠순 가족 행사 때면 엄마는 마이크를 잡았다. 마이크를 잡을 때면 엄마는 완전히 다른 사람이 되었다. 그때마다 나는 엄마가 자랑스러웠다가 안타까웠다 했다.

"엄마, 가출을 해서라도 민요 학원에 다녔어야지"

"그렇다고 다 가수가 됐겠냐"

"누가 알아? 노래 부르며 팔도를 실컷 돌아다닐지"

엄마가 가수가 되지 않고 평범한 삶을 살아간 것이 행복인 건지, 불행인 건지 가끔 헷갈렸다.

글쓰기 DNA

나는 엄마의 가창력 DNA를 물려받지 못했다. 엄마의 목소리를 닮았으나 아빠의 형편없는 박자감을 함께 물려받았다.

그래도 남들보다 아주 조금 잘하는 재주가 있었으니, 그것은 내게 글쓰기였다. 1990년 고등학교 2학년 때였다. 국어과 주임 선생님이 나를 불렀다.

"이번 주 일요일에 올림픽 2주년 기념 백일장 대회가 있는데, 네가 한번 나가볼래?"

"제가요?"

얼떨결에 학교 대표가 되어 백일장에 나갔다.

송파 올림픽공원 체조경기장. 수천 명의 인파. 수백 대의 차량이 올림픽공원을 가득 메웠다. 알고 보니 엄청 큰 대회였다. 심사위원이 유안진, 신달자 시인 등 당대 최고의 문인들이었다.

무대 위 초대형 박이 터지고 시제가 공개됐다. 그날의 시제는 함성. 어차피 수상은 꿈도 못 꿀 대회이니 약간의 진실, 약간의 허구를 맛깔나게 버무려 제출했다. 몇 시간 후 수상자가 호명되고, 마지막 수상자인 산문부 장원만 남았다. 그런데 '창~' 하고 우리 학교 첫 글자가 발표되는 순간, 우레 같은 함성에 나는 감전되었다. 내 글이 장원이 된 것이다.

상금이 무려 30만 원. 집에 돌아오니 작은아버지 식구들과 화투판이 벌어지고 있었다.

"스톱해 스톱, 삼촌이 광으로 나면 당신은 독박이야"
"에잇 그래, 그냥 스톱"

화투판은 견고한 성 같아서 그 안의 성주인 오광과 쌍피에 나의 존재는 철저히 무시당했다. 아무도 나를 쳐다보지 않았다.

작가의 꿈

백일장 장원의 위력은 대단했다. 집에서도 학교에서도 나의 위상은 달라졌다. 소문이 실력이 된 건지, 실력이 소문이 된 건지 출전하는 대회마다 족족 상을 받았다. 그때마다 허구, 미화 비유 사랑 감동 사이에서 갈등하며 상을 타기 위한 글을 써 댔다.

그해 백일장 상금으로만 80만 원을 받았다. 담임 선생님은 '미래의 박완서'라고 추켜세웠고 교장 선생님은 훈화 말씀에서 학교의 명예를 드높였다 했다. 올림픽 기념 대회 덕분에 올림픽 금메달 3관왕 같은 감격을 누렸다.

대회가 끝나고 한 달쯤 되었을까? 심사위원 중 한 분이셨던 박연구 수필가가 학교로 책 한 권을 보내주셨다. 수필집 이름이 〈바보네 가게〉였다. 엽서가 동봉되어 있었는데, 거기에는 앞으로 글을 잘 쓸 후배를 만난 것 같아서 너무 기쁘다고 적혀 있었다.

그후 장래희망을 소설가라 적었다. 세상이 주목하는 작가가 되고 싶었다. 오광과 쌍피 같은 인생을 살아보고 싶었다.

방바닥 생각

어느 날 침대에 누워 유튜브 쇼츠(shorts) 영상을 보고 있는데, 방바닥에 누워 노래를 부르던 엄마 생각이 났다.

'까닥까닥'

박자를 맞추던 엄마의 왼쪽 검지 손가락처럼 내 오른쪽 검지 손가락이 스마트폰 화면을 까닥까닥 밀어내고 있었다.

꿈이 가수였던 엄마는 가수가 되지 못했고, 꿈이 작가였던 나는 주목받는 작가가 되지 못했다.

초침 같은 바쁜 하루가 지나고 방바닥에 누우면 좀처럼 일어나기 싫었다. 눈 감으면 떠오르는 생각들, 오감이 느끼는 슬픔, 외로움, 우울, 기쁨, 환희 등의 감정들을 오롯이 편안한 안위 하나로 묵살해버렸다.

언젠가 써야지, 다시 글을 써야지 하는 나의 방바닥 생각들은 엄마의 방바닥 노래와 다르지 않았다.

긴 시간을 지나온 지금에 와서 '엄마처럼 살기 싫어요' 한다면 사춘기 딸보다 못한 투정일지 모른다. 설사 엄마의 삶을 거부한다 해도 그것이 나은 삶인지도 모르겠다. 왜냐하면 꿈을 이루지 못한 엄마의 삶이 불행했다고 볼 수 없듯이 내가 꿈을 이룬다 해도 그것이 행복한 삶인지는 알 수 없기 때문이다.

이제야 겨우 몸을 일으켰다.

내가 무엇을 쓸지, 나도 모르겠다.

쓴다고 해서 잘 쓸지도 모르겠다.

진실은 나는 지금 겨우 방바닥에서 일어났다는 것이다.

몽상가였습니다. 조용하면서도 시끄러운 사람이 되고 싶었습니다. 가끔 세상의 헤드라인이 되는 꿈도 꾸었습니다. 좋아하는 것은 많으나 가장 좋아하는 것에 베팅할 용기가 없었고, 말하는 것을 좋아하였으나, 마이크를 잡을 용기가 없었고, 생각하는 것을 좋아했으나, 생각의 밑바닥까지 생각할 용기가 없었습니다. 내가 살고 있는 현재가 언제나 내 삶의 중간쯤이라 생각했습니다. 어중간한 내 삶이 재미없을 무렵 다시 글을 쓰기 시작했습니다. 글을 쓰면서 알게 되었습니다. 그나마 사멸되지 않는 언어 감각을 살리는 것이, 사소한 일상을 특별한 성찰로 전환하는 것이 가장 나다운 삶이라는 것을. 유쾌한 슬픔, 우울한 재미, 품격 있는 농담, 우쭐대는 겸손함 이런 글들을 쓰고 싶은데, 그것이 가능할지 모르겠습니다. 나를 길들이는 것들에 곧잘 충성하는 편입니다. 예를 들면, 돈, 직장, 소속감, 가족에 대한 책임 같은. 따뜻한 글을 쓰고 싶습니다.

선율

열 일곱 번째 이야기

감정씨, 나한테 감정있어요?

감정씨로 말할 것 같으면!

복잡한 감정씨
놓을 수 없는 감정씨
이해가 되었다가 안 되는 감정씨
종잡을 수 없는 감정씨
시작과 끝을 모르겠는 감정씨
그러나
매력적인 감정씨
없으면 안 되는 감정씨
품어 주고 싶은 감정씨

감정씨는 요상하다. 얼마나 그 기세가 등등한지 사람을 들었다 났다 한다. 오죽하면 '평안을 주소서'라는 기도가 기도 제목을 늘 평정할까. 뽀득여사는 오늘따라 마음이 심란하다. 간밤에 젊은 날 꿈이었던 아나운서 시험에 떨어지는 꿈을 꾸었기 때문이다. 꿈에서 뽀득여사는 많이 울었다. 이렇게 잠에서 깰 때면 꿈에서 흘린 눈물인지, 진짜로 흘린 눈물인지 분간이 안 된다.

감정씨가 한번 요동치기 시작하면 정신을 차릴 수가 없다. 그래서 감정씨를 앞에 딱 앉혀 놓고 속 시원히 수다 한번 떨어볼까 한다. 거창한 대담도 아니며 결의에 찬 담판 짓기도 아니다. 따뜻한 커피 한 잔씩 놓고 등받이 쿠션 편한 소파에 마주 앉아 '이얘기 저얘기' 한번 해볼까 한다. 뽀득여사와 감정씨의 수다 타임 정도로.

이 수다가 어떻게 흘러갈지는 모른다. 우리의 수다가 그렇듯이 '핑퐁핑퐁' 주고 받다 보면 배가 산으로 가기도 하고 산이 바다가 되기도 하고 뭐 그렇지 않은가!

감정씨는 뽀득여사를 만나고 싶은 마음이 생겨야 약속 장소에 나올 테고, 감정씨가 가장 기세등등할 것 같은 때가 좋겠는데, 이성씨의 끈이 느슨해져 가면서 감정씨가 영역을 넓혀 가는, 아 느낌 왔다. 바로 목요일로 해야겠다. 목요일은 이성씨가 힘이 약해진 틈에 감정씨의 존재감이 불쑥 올라올 것 같은 시점이니, 목요일로 정하자.

그래 결심했어! 이 매력 덩어리 감정씨에게 초대장을 보내야겠다.

친애하는 감정씨께.
감정씨를 작은 티타임에 초대하고 싶습니다. 바쁘신 가운데 소중한 시간을 내주신다면 영광이겠습니다.
장소는 ○○카페, 날짜는 2025년 ○월 ○일 목요일 ○시
감정씨에게 지대하게 관심이 많은 뽀득여사로부터.

딩동! 감정씨로부터 답신이 도착했다.

끈질긴 뽀득여사님께.
뽀득여사님의 저에 대한 지대한 관심을 익히 아는 바, 거절할 수가 없더군요.
단, 조건이 있습니다. 아시는 바와 같이 저는 매우 다양한 집합체입니다. 어떤
얼굴, 어떤 목소리, 어떤 태도로 변할지 장담이 안 됩니다. 너그러이 받아 주실
것이라 믿겠습니다.
저 또한 뽀득여사님과의 만남을 기대하고 기다리겠습니다.
뽀득여사님이 살짝 부담스러운 감정으로부터.

휴! 좀 까탈스러운 포스를 풍기기는 하지만 초대에 응해 준다니 다행이다.
'너그러이 받아 주는 것'이 조건이라면 그야 뽀득여사 전문이다. 그런데
막상 초대를 받아들인다는 답신을 받고 보니, 설레기도 하고 걱정도 된다.
과연 둘의 만남은 어떻게 펼쳐질까?

뽀득여사와 감정씨는 어떤 수다를 펼치게 될까.
감정씨는 단순하지 않다. 명쾌하게 정의하기도 쉽지 않다.
감정씨는 세분화된 모자이크 기분 조각들의 집합체이다.
기쁨 슬픔 화 긴장 부끄러움 설렘 질투 행복 놀람 짜증 아쉬움 지루함 우
울 불안 미안함 무서움 고마움 용기 등등. 알록달록 모자이크 기분 조각들
로 이루어진 감정씨를 만나려니 뽀득여사도 마음이 술렁술렁한다.

일단 약속 시간은 잡았으니(일은 저질렀으니!), 감정씨 만날 날을 기다리는 수밖에.

나한테 감정있어요?

뽀득여사(이하 뽀)와 감정씨(이하 감)는 진한 초록 벨벳 소파에 마주앉아 있다. 오크 테이블 원탁 위에 놓인 진한 커피의 향이 공기에 감돈다.
조용한 카페에서는 영화 〈글루미 선데이〉 OST의 선율이 흐르고 있다.

감: 나한테 감정 있어요?

뽀: 내가 할 말을 먼저 하시네요. 감정씨, 나한테 감정 있어요?

감: 말꼬리 잡지 마시길 정중히 부탁 드리는 바입니다.

뽀: 그렇게 받아들이셨다면 저도 정중히 사과드립니다. 오늘 따라 커피 향이 너무 진하고 좋네요.

마주앉은 뽀득여사와 감정씨는 서로의 눈빛을 피하지 않았다. 마치 할 말 많다는 듯이.

감: 당신은 내가 어떤 모습인지, 어떤 목소리인지, 어떤 태도인지 늘 관심이 많잖아요. 지금 눈빛처럼 늘 보고 있잖아요. 왜 그렇게 나한테 관심이 지대한 건가요? 그러니 묻는 거예요. 나한테 감정 있어요?

뽀: 아하! 감정씨는 저의 관심이 부담이 되셨나 보네요. 솔직하게 말할게요. 네 저는 감정씨에게 감정 있어요. 그것도 매우 많이요. 당신은 좋은 의미로든 나쁜 의미로든 너무 강력하거든요. 사람들을 웃게 하고 울게 하고, 껑충 뛰게 하고 주저앉히기도 하고, 광장으로 나서게 하고 지하로 숨게 하죠. 그뿐인가요? 당신은 사람들이 바라보는 세상의 색을 순식간에 바꿔버리잖아요. 똑같은 풍경을 어떤 때는 찬란한 색채로 빛나게 하기도 하고, 어떤 때는 온통 회색빛으로, 더 심할 때는 아예 눈을 떠도 보이지 않게 덮어버리잖아요. 그래서 궁금해지기 시작했어요. 더 솔직히 말할게요. 당신에게 지배당하고 싶지 않아요. 무력하게 끌려 다니고 싶지 않아요. 그렇게 시작된 거예요. 당신에 대한 관심이!

잠시 침묵. 감정씨는 커피의 향을 먼저 음미하더니 천천히 커피를 한 모금 마시고 고개를 끄덕거렸다.

감: 당신이 솔직하게 말해주니 고맙군요. 그런데 당신은 나에 대해 단단히 오해를 하고 있는 것 같아요. 난 당신이 생각하는 것처럼 강력하지 않아요. 오히려 그 반대죠. 당신도 알다시피 나는 여러 개체의 집합체예요. 내 안의 개체들은 너무 달라서 하나의 전체로 섞이지 않아요. 뭐랄까. 각양각

색 알사탕이 한 통에 들어 있다고 같은 색이 되지 않듯이요. 그 맛도 다 얼마나 다른지, 하나로 통일되지 않았으니 얼마나 그 세력 다툼이 많겠어요. 작은 자극에도 내 안의 개체들은 자리 다툼을 합니다. 당신이 생각하는 것만큼 나는 강력한 군주가 되지 못해요.

뽀: 그럼 당신은 당신 안의 개체들을 어떻게 통솔하나요? 통솔이라는 단어가 적절치 않을 수도 있지만 딱히 다른 단어가 떠오르지 않아서요.

감: 하하하, 통솔이라니요! 가당치도 않아요. 카메라 감독 역할 정도죠. 개체 중 하나가 '이번엔 나야!' 하고 손을 들면 나는 바로 그 녀석을 비춰요. 그러다가 또 다른 녀석이 '비켜, 이제 내 차례야.'라며 무대에 선 녀석을 밀치면 바로 다음 녀석을 앵글에 담는 거지요. 때로는 몇 녀석이 무대로 난입하면 멘붕인 거지요.

뽀: 아, 알 것 같아요. 그래서 사람들은 감정씨가 복잡하고 어렵다고들 하는 거거든요. 기쁘다가도 허탈하기도 하고, 슬프다가도 행복해지기도 하고, 뭐가 뭔지 모르겠는 소용돌이에 휘말리는 상태가 되기도 하죠. 오죽하면 감정의 노예가 되지 말자는 구호를 외쳐가며 당신을 경계하는 사람들도 많답니다.

감: 아이쿠! 노예라니요. 오히려 오명을 쓰고 있다고 여겨질 때가 있습니다. 사람들은 나를 변덕스럽고 즉흥적이고 비합리적이며 이치로 설명되지

않는 것이라는 수식어를 내 앞에 잘 붙이더군요. 물론 어느 면에서는 인정하는 부분도 있어요. 맞아요. 내 안의 개체들은 불쑥 자리바꿈을 잘 하고 고집스럽게 물러나지 않으려는 성향들이 있기도 해요. 각자의 개성이 너무 뚜렷하다고 해야 할까요. 가끔은 내 안의 개체들을 컨트롤 못 하는 비상상황이 발생하기도 해요.

뽀: 개성이 뚜렷하다고 말씀하셔서 하는 말인데요. 마치 여러 개 감정이 뒤섞여 있는, 그래서 딱 정의 내리기 어려운 개체도 있잖아요. 예를 들어서 멜랑콜리? 그런 감정의 개체요. 아까부터 줄곧 이 카페에서 흐르고 있는 저 음악. 저 음악을 들을 때마다 느껴지는 감정 같은 거요.

잠시 뽀득여사와 감정씨는 커피의 진한 향기처럼 공기 중에 흐르는 〈글루미 선데이〉 OST를 조용히 들었다.

감: 그렇군요. 참으로 멜랑콜리한 음악이네요. 멜랑콜리. (잠시 침묵) 제 안의 여러 개체 중에서 참 다루기 어려운 존재입니다. 매력적이지만 아이덴티티가 좀 복잡하지요.

뽀: 감정은 대체로 긍정적 감정과 부정적 감정으로 나뉘어 분류되는 경우가 많잖아요. 아, 물론 너무 단순하고 이분법적 오류인 것은 알지만요. 그런데 감정 중에서 딱 어느 쪽이라고 하기에는 어려운 개체가 있는 것 같아요. 멜랑콜리 같은. 더군다나, 마침 음악 때문인지 이 카페의 공기 중에 멜

랑콜리가 자욱한 기분이 들어요.

감: 멜랑콜리는 제가 좀 조심히 다루는 녀석이기는 해요. 맞아요. 멜랑콜리는 조용하게 움직이지만 그 존재감이 오래 가지요. 그리고 대개는 외부적인 촉발 사건이 있은 후에 결과적으로 감정 개체가 무대에 오르는데, 멜랑콜리는 달라요. 멜랑콜리는 특별한 일이 없어도 슬그머니 무대 위로 올라오기도 하고, 다른 개체가 무대 위에 있을 때 불쑥 올라와서 그 자리를 차지해 버리기도 하지요. 그리고 중요한 것은, 한번 무대에 올라온 이상 쉽게 내려가지 않는다는 것이지요.

진한 커피 향만큼 감정씨의 목소리는 깊은 울림으로 카페의 공기 중에 퍼지며 여운을 남겼다. 공기 중에 목소리와 커피 향과 〈글루미 선데이〉OST 선율이 섞이고 있었다.

뽀: 아, 맞아요. 멜랑콜리는 무대를 사랑하는 예술가 같아요. 마치 대기실에서는 가장 조용히 있다가, 무대만 올라오면 그 존재감을 뿜어내며 관객을 사로잡는 배우 처럼요.

감: 제 감이 맞다면, 당신은 이미 그 배우의 연기에 사로잡힌 관객이군요. 당신의 표정이 그것을 말해주고 있습니다. 꿈결을 거닐듯, 우수에 찬 표정. 우리는 멜랑콜리에 대한 이야기가 길어질 것 같네요.

마음의 무대에 오른 멜랑콜리는 무대를 내어주고 싶은 기미가 보이지 않는다.

뽀: 부정하지 않을게요. 음, 멜랑콜리는 많은 영감을 주거든요. 서정적이라고 해야 할까요. 같은 눈물이라고 해도 슬픈 눈물과 멜랑콜리한 눈물은 좀 다르니까요. 제 말이 어떤 의미인지 아시겠어요? 설명하기가 좀 어렵네요.

감: 그것이 바로 멜랑콜리지요. 이성적으로 설명하기가, 언어로 풀어내기가 쉽지 않지요. 우울감이라고 하기에는 서정성이 더 짙고, 슬프다고 하기에는 비애 안에 카타르시스가 섞여 있다고 해야 할까요. 이것 참, 역시 말로 풀기가 어렵네요. 뭐랄까, 멜랑콜리는 커피 같은 거죠. 쓴 커피지만 우리는 커피의 매력에 빠지고 말지요.

감정씨는 진한 커피를 입 안에 머금고 그 맛을 잠시 음미하는 듯한 표정을 짓는다.

뽀: 멜랑콜리는 커피. 오우, 메타포! 한 번에 말로 풀기 어렵다는 것은 그만큼 또 표현할 길이 무궁무진하다는 아이러니일 수도 있지요. 그래서 많은 예술가들이 멜랑콜리를 사랑하나 봐요. 그리고 그것을 표현할 수 있는 메타포를 찾나 봐요.

감: 멜랑콜리뿐인가요. 저의 개체들은 저마다의 메타포가 차고도 넘칩니

다. 예를 들어 볼까요. 환희를 '마음에 터지는 축포'로, 슬픔을 '내 마음에 내리는 빗물'로. 배우가 무대에 그냥 올라오겠어요. 그들은 저마다의 메타포로 장식하고 무대에 서지요. 때로 그 메타포가 과해지면 지금 무대에 어떤 감정의 개체가 올라와 있는 건지 헷갈리기도 하지요.

뽀득여사는 그 상황을 머릿속에 그려보니 피식 웃음이 나왔다. 과한 분장 탓에 실체를 전혀 알기 어려운 광대들이 무대 위에서 춤을 추는 장면이 떠올랐다.

뽀: 너무 잘 알지요. 제 마음의 무대에서 종종 벌어지는 광경인데요. 그럴 때는 저도 길을 잃어버려요. 나는 애초에 어떤 감정이었나 종잡을 수 없어지더라고요.

뽀득여사와 감정씨는 그 상황이 어떤 상황인지 너무 잘 알기에 고개를 끄덕거리며 잠시 침묵을 가졌다. 둘의 대화는 꽤 길어지고 있었다. 시간이 얼마나 지났는지 알 수 없었지만, 둘의 커피 잔은 이미 비어 있었다.

잠시, 숨을 고르더니 감정씨가 하는 말.

감: 멜랑콜리는 말이지요. 무지개입니다. 멜랑콜리가 무대에 오르면 저는 긴장합니다. 조명을 더 신경 써야 하거든요.

뽀: 멜랑콜리는 프리즘이군요. 빛에 따라 색채가 다양하게 퍼지는. 그래서 더욱 빠져들게 되나 봐요. 감정씨의 메타포가 제 마음에 쏙쏙 들어옵니다. 감정씨는 메타포의 귀재시네요.

감정씨는 뽀득여사의 칭찬이 싫지 않은 듯, 살짝 개구진 표정을 지으며 어깨를 으쓱해 보였다. 그리고는 감정씨와 뽀득여사는 가벼운 웃음을 터뜨렸다.

뽀: 오늘 감정씨와의 티타임 너무 감사했습니다. 그런데 어쩌지요. 저 진짜 감정씨한테 감정 생겼어요.

감: 네? (감정씨의 표정에 긴장감이 스친다)

감정씨는 마른 침을 꼴깍 삼키며 눈을 동그랗게 뜨고는 뽀득여사를 바라보았다.

뽀: 에이, 긴장하시기는. 다시 뵙고 싶은 기대의 감정이랍니다. 저 감정에 솔직하지요?

창문에 굴절된 햇살이 길게 무지개를 그리며 창을 타고 넘어오고 있었다. 그리고 늦은 오후의 햇살과 선율은 천천히 왈츠를 추었다. 조금은 멜랑콜리하게.

뽀득뽀득 거울을 닦고 그 거울 앞에 선다. 그리고 내가 나에게 묻는다.

하늘의 해가 달로 바뀌는 동안 시간 가는 줄 모르는 것이 너에게 있니?

나는 망설임 없이 대답한다. 독서와 글쓰기야. 그러자 내가 나에게 또 묻는다.

왜 그렇게 좋은 거니? 나는 되묻는다. 좋으니까 좋은 건데, 어떤 이유가 있어야 하니?

나에게 독서와 글쓰기는 유희이고 취미이다. 그리고 글쓰기는 나의 꿈이다.

꿈을 꾼다는 것은 행복을 경험하는 것.

꿈을 꾼다는 것은 멈추지 않는다는 것.

꿈을 꾼다는 것은 내일이 있다는 것을 믿는 것이다.

숙제는 해야 하는 것이고, 독서는 하고 싶은 것이었다. 보고서는 써야 하는 것이고, 글쓰기는 쓰고 싶은 것이었다. 주어진 삶의 숙제와 보고서를 꾀부리지 않고 열심히 해 왔다. 이제 어느정도 숙제도 보고서도 마무리 되어간다. 그러니 이제는 나의 유희이자, 취미이자, 꿈인 글쓰기를 실컷 즐길 것이다.

그 시간들이 기대되고 설렌다.

이십년 넘게 아동상담센터를 운영하고 있다. 언어치료사, 심리치료사로서의 귀한 소명에 감사한다. 그 가운데서도 늘 꺼지지 않는 내 가슴의 불씨. 글쓰기 불씨에 산들바람이 불어와 살랑살랑 부채질을 한다. 불씨가 너울너울 춤을 추며 몸체를 키운다. 불꽃이 팡팡 불꽃놀이를 준비한다.

Lee Su Jung

1. 애칭 :뽀득여사(브런치 스토리에서의 필명이기도 하고, 나의 첫 치유소설
   의 주인공 이름)
2. MBTI :ENFJ
3. Animal (좋아하는 동물) :눈망울이 순한 동물
4. Flower (좋아하는 꽃) :푸른 수국(맑은 아가들의 얼굴이 올망졸망 모여
   있는 듯)
5. 물, 불, 공기, 흙 (4원소 중 끌리는 것) :깨끗하고 따뜻한 공기
6. COLOR (좋아하는 색) :푸른 계열(초록, 파랑)
7. 혈액형 :O형
8. Space (살고 싶은 지역) :독일의 하이델베르크(동화마을 같은 하이델
   베르크에 머물며 어른을 위한 동화를 쓰고 싶다.)
9. 별자리: 전갈자리
10. 보석 (좋아하는 보석) : 푸른 빛의 사파이어
11. 좋아하는 음식 :삼겹살 (반드시 양파와 함께)
12. 좋아하는 날씨 :덥고 춥지만 않다면, 날씨는 쾌청해도 좋고 비가 와도
    좋다
13. 좋아하는 계절 :가을. 가을은 오감을 다 만족시켜준다.

이수정

열 여덟 번째 이야기

신의 옷자락

성체를 모신 직후,
순간 성가 소리가 귀에서 멀어져갔다.
뭔가 다른 차원의 공간에 갑자기 떨어진듯
사람의 언어로는 표현할 방법이 없는
극한의 압도적인 평화

직전까지 내 뺨에 흐르는 게
빗물인지 눈물인지 모를만큼
흐느끼고 있었다.

내면 속 아집과 오만으로 가득찬 자아가
폭싹 무너져내리며 누군가 앞에
털썩 주저앉아 엎어져 있었다.

그 날은 술 약속만도 3개가 잡힌 날이었다.
계산을 잘해야했다. 상황 파악도 잘봐야 했다.

점심때 목적만 가득한 누군가를 떨쳐내고

초저녁 즈음에 첫번째 모임, 가볍게 간을 보고 별로다 싶으면
조기 마감하고 두번째 모임 중반 즈음에 합류, 거기도 별로다 싶으면
마지막 모임의 하일라이트 즈음에 합류키로 머릴 굴렸다.

... 하지만 루즈했다.
불타오를 청춘의 시간이 이렇게 루즈할 수가 없었다.
뭘 해도 흥이 나지 않는......
폭삭 다 늙어버린 거 같은 루즈함...

그때 문득 대영광송이 귓가에 들려왔다.
'아.. 여기 성당이 있었구나.. '
매번 다니던 길.. 성당이 있었는지조차 몰랐던 길이었는데 ..
이렇게 아담한 성당이 있었다니
뭔가에 홀린듯 성당에 들어섰다.

총체적 변화가 생기기 시작했다.
일단 가장 먼저 집이 깨끗해지기 시작했다.
나뒹굴던 술병들이 제일 먼저 퇴출됐고
제자리가 어딘지 알지 못하고 자유롭게 활개치던

살림살이들이 모두 제자리들을 찾아가시 시작했다.

도파민 따라 나부끼던
희로애락의 감정들도 날뜀을 멈추고
차분히 제자리를 찾아갔다.

점차 관심사가 바뀌어가기 시작했다.
예전엔 깔깔대며 뒤엉켰던 저잣거리 화젯거리들이 한없이 심심해졌다.
옛 친구들이 멀어지고, 새 친구들이 생겨나기 시작했다.

뒤늦게 붙은 영적 사랑의 불길은 쉽게 사그라들지 않았다.
펄펄 끓어오르던 용광로 같던 청춘의 마음은
그대로 신을 향해 나아갔다.
그렇게 난 세상을 버리고, 신을 택했다.

돌아온 탕자는 아버지의
극진한 환대를 받고 그 집에 식구로 다시 자리매김해
온전히 아버지의 집에서 평화롭게 살아가는 듯 했지만

이미 한번 쾌락을 맛 봤던 아들은 가끔 몰래 장터에 나가
여전히 예전처럼 진탕 퍼 마시고 몰래 집에 돌아오거나
일전에 알던 여인들을 만나 밀회를 즐기고는 돌아오거나 했다.

첫째는 그런 둘째가 죽여버리고 싶을만큼 싫었다.
늘 시기에 가득 차 있던 첫째는
아버지가 없을 때면 수시로 둘째를 때리고, 협박했다.
심지어 아버지가 멀리 출타 중일 땐 집에서 쫓아내기까지 했다.

그럼에도 불구하고 둘째는 아버지의 집으로 돌아왔다.
아버지에게 돌아왔다고 해서
둘째의 삶이 드라마틱하게 변화되거나 나아진 바는 없었다.
귀환의 파티도 그때 뿐, 고단한 목축의 일상은 그대로 계속되었다.
하지만 이제 둘째는 안다.
돌아가고자 하는 마음만 있다면
그곳이 언제나 아버님의 곁이라는 것을….

그렇게 난 다시 세상으로 나왔다.

단상 (斷想)

끝 모를 공동체의 이기는
생명을 더 빨리 폭멸케 한다.

생명의 빛이던 태양이
살기를 띤 파괴의 빛된 것처럼

한없이 신나고 밝아야할 청춘의 손에
칼을 쥐어준건 우리의 이기였다.

이들의 박탈감을 논하기 전에
사형제의 부활을 말하고

이들의 절망감을 고민해보기 전에
장갑차를 배치한다.

무량판 부실같은 책임없는 이기심은

새내기 교사를 목매게 하고
청춘의 손에 칼을 쥐어주고
찬란하게 피어나야할 꽃을 2평 남짓
고시원으로 몰아가둔다.

그래도 이 사회는
살아보겠다는 청춘을
폭염 속 4만보를 걷게 만들어
기어이 살해하고도
평소 지병을 숨겼다 억지한다.

카트 끌다 죽은 청춘은
몇년전

쇳물 붓다 죽은 청춘,
빵만들다 죽은 청춘,
엘리베이터 수리하다 죽은 청춘,
지하철에 끼여 죽은 청춘이었다.

생존률을 고민해야하는 사회가
출생률을 말할 자격이 있나?

청춘의 지옥,
대한민국의 지옥같은 현실은
세계 잼버리 대회를 통해
전세계에 생방송 됐다.

허허벌판, 살인볕 속
그늘 하나 없는 새만금은
각종 지역 이기주의를
파묻어 만든 간척지였다.

이원길

GLOOMY relay 274

GLOOMY relay 276

궁금하실까봐
준비했습니다.

오랜문학상
이란무엇인가?

오랜문학상의 오래된 이야기

오랜문학상의 시작은 즉흥적이었다. 이미경 작가님의 글과 그림 앞에서 한참을 머무르며 이렇게 좋은 글, 그림이 노출이 적다는 것이 안타까웠고, '내가 상을 줄 수 있다면 상이라도 드리고 싶다'는 농담 같은 댓글을 썼고, 이에 오렌문학상을 만들어 주세요!'라는 재미난 댓글이 달렸고, Why not?이라는 생각이 솟구치면서 다이소에서 사 온 오렌지색 플라스틱컵으로 '창조의 오렌지컵'을 만들어서 장난처럼 시작한 일이었다. 심층적으로는 오래되고 깊은 갈망이 잠재되어 있었던 것이 그 순간에 의식의 표면 위로 드러난 것이라고 생각하고 있다. 공식적인 이름은 '오랜문학상'이지만, 내 마음속 별칭 '정수옥 예술상'을 밝히면서 하나의 에피소드를 소개한다.

벌써 이십 년 전의 일이다. 결혼 전에 하던 웹 디자인 일은 일이 너무 많았다. 육아를 하면서 병행할 수 있는 일을 찾다가 시간을 조절할 수 있는 아동 미술학원을 하고 있었다. 그러면서도 더 큰 세상과의 연결에 늘 갈증을 느꼈고 신문을 보던 중 손톱만 한 그림 한 장에 호기심이 생겼다. 영하의 날씨에 버스를 두 번 갈아타고 소개 글에 나와있는 전시회장을 찾아갔다. 난방도 되지 않는 서늘한 공간 벽에는 액자도 없는 종이 그림들이 다

닥다닥 붙어있었다. 수채화라서 종이가 울퉁불퉁하기까지 한 그림들은 지금까지 보아온 그림들과는 사뭇 다른 기운을 뿜어냈다. 관심이 증폭될 즈음 허연 장발의 중년 남성분이 나오셔서 그림에 대해 설명하기 시작했다. 신문에서 본 그림은 영국 발도르프 학교에 다니는 한 자폐 학생의 그림이었고, 전시장에 붙어 있는 그림들은 유치원부터 각 학년별로 분류되어 성장 단계에 따른 양상을 보여주고 있으며, 이는 각 문명의 발달과 맥을 같이 하고 있다고 했다. 신문에서 본 손톱만 한 그림 한 장이 마치 태풍의 눈처럼 휘몰아쳐 거대한 세계가 다가오는 순간이었다. 인간 이해에 대한 방대한 스펙트럼을 갖고 있는 발도르프 교육에의 강렬한 끌림은 곧 교사교육 과정의 공부로 이어졌고, 정기 수업 외에 독서, 그림, 유리드미(음악과 소리를 몸으로 표현하는 동작예술)등 개설되는 소모임 전부를 다 등록하며 의지를 불태웠다. 그중 그림 수업에서 정수옥 선생님을 만났다.

정수옥 선생님은 독일에서 박사까지 마치고 개인전도 꾸준히 하는 화가셨고, 대학에서 학생들을 가르치는 교수이기도 했지만, 겸손한 자세로 우리들과 섞여서 같이 배웠다. 많지 않은 네댓 명의 학인들이 함께 그림을 그렸고, 그린 그림을 모아놓고 감상을 말하는 시간을 가졌다. 그렇게 생각하지 않으려 하는데도 선생님 그림과 옆에 나란히 놓인 내 그림이 너무 못 그려 보였고, 합평 시간 마다 절로 고개가 숙여지고 목소리가 기어들어갔다. 사람들은 모두 한 목소리로 화가 선생님의 작품을 칭송했다. 그때 정수옥 선생님께서 내 그림에 대해서 말씀하셨다.

"선생님 그림도 좋아요!"

물을 제대로 컨트롤하지 못해서 번진 그림을 보시고는 우연히 살짝 번진 부분이 더 좋다거나, 형태가 일그러져서 망한 것 같은 그림을 보고도 그림은 고쳐서 그릴 수 있기 때문에 실패가 없다고 하셨다. 선생님은 어떤 그림이든 다 좋다고 하셨고, 그 말씀을 듣고 나면 정말로 모든 그림들이 다 좋아 보였다. 정수옥 선생님 자신은 얼굴을 주로 그리는데 젊은 시절에는 미운 사람들의 얼굴을 그렸다고 했다. 그러면서 아무리 미워도 얼굴에 황칠을 하거나 칼로 긋거나 망칠 수는 없었다고 했다. 그 말씀이 오래 마음에 남았다. 아무리 미워도 타인의 얼굴을 훼손할 수 없었다던 정수옥 선생님 그림의 얼굴들은 달님처럼, 보살처럼, 분가루처럼, 부드럽고 환하게 빛난다. 선생님은 소재를 밖에서 얻기보다는 마음속에 떠오른 생각과 기억 속 이미지를 드러내는 작업을 하셨고, 둥근 마음으로 세상을 껴안고 싶어 둥글고 환한 얼굴을 겹쳐서 표현한다고 말씀하셨다.

　이후에 발도르프 학교를 세우는 일로 -정수옥 선생님은 초등 1학년 교사로, 나는 유치원 교사로- 만나 직장 동료가 되면서 인연을 이어갔다. 정수옥 선생님은 바자회에서 내가 손바느질로 만든 공예품을 사주시면서 내 솜씨를 칭찬해 주기도 하셨고, 내가 힘든 상황에서 어려움을 털어놓았을 때, 선생님은 그 일에 대한 코멘트는 하지 않으시고 앞뒤 맥락 없이

"예정옥 선생님, 좋아해요!"

라는 기습 고백으로 불만에 가득 차 얼어붙은 내 마음을 온통 사랑으로 무장해제 시키셨다. 나란히 또는 앞뒤로 앉아서 공부하고, 함께 일했던 선생님은 어느 날, 아이들에게 너무나 미안하지만 아이들을 만나면서 자신은 붓을 잡아야 한다는 것을 알게 되었다고 하시면서 학교를 그만두셨다. 한동안 소식이 끊겼던 선생님은 수년 후에 특강 강사로 강단에 서셨다. 그동안의 사연인 즉, 한 번뿐인 인생, 전 존재를 던져 후회 없는 삶을 살기 위해 딸에게 '혹시 엄마가 죽으면 외할머니를 찾아가라'는 유언을 남기고 산에 들어가서 2년간 극도로 빈한한 삶을 살면서 그림을 그리셨고, 이후 그림이 세상에 크게 인정받아 삶의 새로운 장을 열어젖히고는 선생님의 그림처럼 환한 얼굴로 등장하신 것이다.

  유치원 교사를 그만둔 어느 날, 아무것도 할 수 있는 것이 없다고 생각되었을 때, 나는 작업실 바닥에 열 개가 넘는 캔버스를 깔아놓고 맨발로 돌아다니면서 미친 사람처럼 그림을 그렸다. 그러다 갑자기 목숨을 걸고 산에 들어가서 그림을 그리셨던 정수옥 선생님 생각이 났고, 선생님께 안부 메일을 썼다.
'어떻게 하면 전시회를 할 수 있나요?'
밑도 끝도 없는 나의 편지에 선생님은 장문의 정성스러운 답장을 보내오셨다.

'선생님께서 그림을 그리신다니 반갑습니다.
그림을 그리는 것은 좋은 일입니다.
전시는 그림이 쌓이면 할 수 있습니다.'

　선생님 특유의 진솔하고 담담한 글 앞에 부끄러웠다. 그림이 쌓일 때까지 묵묵히 그림을 그려야겠다고 다짐했고, 내가 그림으로 책을 내면 꼭 정수옥 선생님을 찾아뵙겠다고 생각했다.

　2023년 5월 1일 부고를 받았다. 선생님께서 향년 62세로 너무 일찍 별세하신 것이다. 늘 전 존재를 던져 무언가를 이루어 낸 새로운 힘으로 내 삶에 등장하셔서 잊고 살았던 오랜 꿈을 깨어나게 하고, 나의 가슴을 뜨겁게 했던 분, 정수옥 선생님의 정신을 기리며 오랜문학상의 지속가능을 소망한다.

글을 쓰는 것은 좋은 일입니다.
그림을 그리는 것은 좋은 일입니다.
글과 그림이 쌓이면 발표를 하면 됩니다.
한 번뿐인 인생,
전 존재를 던져서,
목숨을 걸고 한번 해보세요.

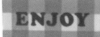

너의 책(글,그림)을 내 멋진
소개 페이지에 초대하고 싶어 ^_^
왜 초대하냐고?
너는 나랑 친구할 운명이니까
꼭 와줘,

p.s. 거절은 거절할게

준비물 : 마음가짐
(가볍고 열린 마음)

오랜문학상 탄생 역사의 현장

창조의 오렌지컵 정신

1 좋아하는 것을 사랑하라

2 어린 시절에 좋아했던 놀이를 떠올려라

3 자연을 가까이하고 어린이를 존중하라

4 쪼그라들지말고 쪼대로 하라

5 하고싶은 일을 계속하라

6 내 인생의 주인공이 나라는 것을 잊지마라

7 고통을 겪고 그 고통에서 벗어나고 그로부터 자신감을 얻어라

8 일상의 평범함 속에서 기적을 발견하라

9 자신의 재능과 아름다움을 굳게 믿어라

10 먼저 되고싶은 것이 된 척하고나서 진짜가 되기위해 노력하라

11 미워하지 말고 집착하지말고 모든 에너지를 성장에 투여하라

12 지금, 여기를 나만의 플레이 그라운드로 만들어라

13 우리의 인생이 예술이다

14 두려워하지말고 용기를 내라

15 모든 것은 우리의 마음 속에 있다

Award Speech

제가 받고 싶어서 만들었습니다.
오랜문학상 기획자_예정옥

심사위원 및 구독자들 만장일치 정말인가요? 알면서도 믿어볼라고요. 작가님, 고맙습니다!
1회 수상자_이미경

이미경작가님의 수상작에 비해 현저히 미달되는 수준차이로 오렌 문학상의 권위가 실추되는건 아닌지 걱정이 앞섭니다. 오렌문학상이 노벨문학상이 되는 그날을 기약하며 치열하게 노력하겠습니다.
2회 수상자_해조음

많은 분들께 제 글을 소개해드릴 수 있어서 정말 영광입니다. 우리 아주 오래 보도록해요 모든 작가님들과 오래 함께 써갔으면 좋겠습니다 감사합니다^^
3회 수상자_승하글

나무에 달린 감처럼 눈으로만 보며 부러워하던 오렌문학상에 선정이 되다니! 브런치 입문 이후 가장 기쁜 소식입니다! 글의 주제는 고통에 관한 거여서 조금 무겁지만 제 졸고를 통해 누군가가 작은 힘을 내신다면 그처럼 감사할 일이 어디 있을까 싶습니다.
5회 수상자_글방구리

오렌문학상을 받게 되어 영광입니다 ㅎ ㅎ 이렇게 정성스럽게 글도 정리해주셔서 감사합니다! 오렌님의 기운을 받아서 앞으로도 공감되는 이야기들 부지런히 써나갈게요. 기분 좋은 상 감사합니다 :)
6회 수상자_찐파워

지금까지 받은 상 중에 제일 뜻깊어요 제일 감동이에요!!!! 영광입니다
7회 수상자_한나

오렌문학상 수상에 기분이 좋아져서 어깨춤이 절로 나옵니다. 축하해주신 모든 분들께도 진심으로, 마음다해 깊은 감사를 전합니다. 감사해요. 아름다운 낮이에요~!
8회 수상자_Bono

여행을 떠나기 전에 이 글을 읽을 수 있어서 더욱 감사합니다.
오렌님의 시선을 느껴봅니다.
따뜻한 조약돌을 선물로 받은 느낌입니다.
10회 수상자_오서하

와, 이런 정성스러운 소개글을 보니,
동료 작가분에게 엄청난 격려를 받는 기분이 드네요. ^^
너무 감사합니다. 오래 기억에 남을 것 같습니다.
11회 수상자_이원희

오랜 문학상의 효과♡
도파민이 생성됨을
확인해 드립니다^^
○회 수상자_단풍국 블리야

놀랍고 믿어지지 않네요.
글쓰기는 바늘로 우물파기 같아서 늘 잘 가고 있는건지 막막하기만 했습니다.
쟁쟁한 브런치작가님들 글 보면서 많이 배우고 깨치고 있었는데 이런 영광을 주시다니!
더 열심히 하라는 뜻으로 받아들이고 더욱 건필하겠습니다.
13회 수상자_진아

이 상이 우정상의 개념이라고
하셨으니 브런치 작가님들과 더 깊은
우정을 쌓아 보겠습니다 ㅎㅎ
14회 수상자_고운로 그 아이

멋진 목소리로 낭송해주셔서 감사합니다!
작가님의 목소리로 제가 쓴 글을 들으니 감회가 새롭습니다.
바쁘신 와중에 귀중한 시간내어 낭송해주셔서 감사합니다.
감동의 여운이 가시지 않아 저는 조금 더 머물다 갑니다.^^
15회 수상자_벨라Lee

눈물날 것 같아요.
○람들이 수상 소감을 왜 그리 못 하나 꿋꿋 하며 티비를 보던 생각이 스쳐갑니다.
○을 이렇게 아름답게 행복하게 마무리할 수 있게 해주셔서 정말 감사드려요^^
16회 수상자_발자꾹

너무 감격스럽습니다.
앞으로 또 얼마나 좋은 글을 써야 할지……
오늘 받은 이 상이 저를 더 깊은 글의 세계로 이끌어주네요~
17회 수상자_선율

'오랜 문학상'은 이런 저에게 마치 성탄 선물 같습니다.
마치 '그래, 더 신나게 해봐!'라는 큰 응원의 메시지고요^^
기쁘고 행복합니다. 더욱 정진하겠습니다 ~~~!!!
오늘 저의 가슴에 멋진 드론쇼가 펼쳐지고 있습니다 ㅎㅎ
18회 수상자_이수정

원작이 원낙 좋으니 ㅎㅎㅎ
오랜문학상 낭송자_이원길

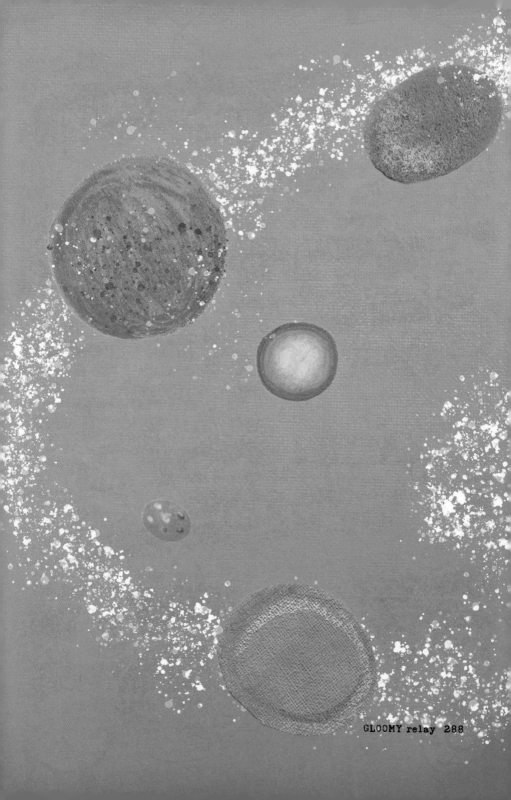

GLOOMY relay 288

예정우
Oren

이미경
**Lee
Mi Kyoung**

승하글
**Seung Ha
geul**

보노
Bono

오서한
juliana

이원희
**Lee
Won Hee**

해조음
Hae Jo Eum

벨라Lee
**Bella
Lee**

박자곡
**Kim
Hyo Sook**

GLOOMY relay 290

마이플 블리야

mayple bleeya

찐파워

zzinpower

한나

hannah

소피아남

Sophia Nam

진아

jina

그 곰돌이 아이

hjung

innin

인인

이수정

Lee su jung

이언기

RYAN

GLOOMY
Relay

MAGNIFICAT

GLOOMY

Relay

MAGNIFICAT

GLOOMY relay

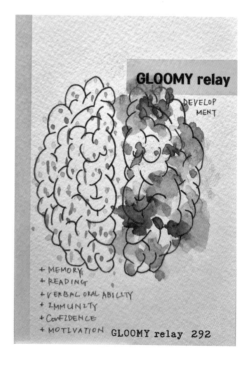

GLOOMY relay

DEVELOP
MENT

+ MEMORY
+ READING
+ VERBAL ORAL ABILITY
+ IMMUNITY
+ CONFIDENCE
+ MOTIVATION   GLOOMY relay 292

GLOOMY relay

브런치 작가 18인의 릴레이 에세이

GLOOMY Relay

GLOOMY Relay

293

GLOOMY Relay

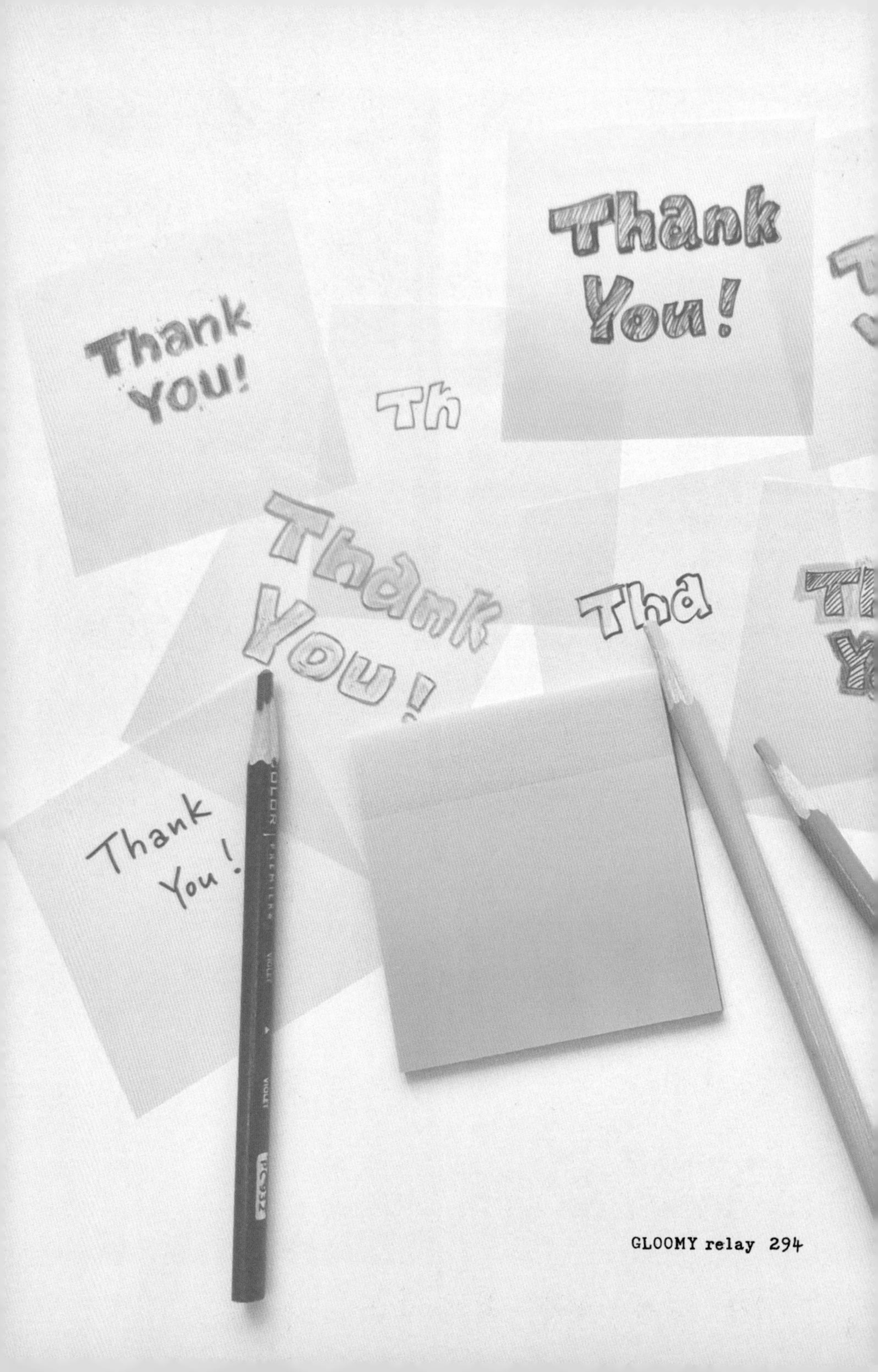
Thank You!
Thank You!
Th
Thank You!
Tha
Thank You!

닫는 글

문학으로 연결되는 우정을 간직하는 일

어느 농장의 농부가 외로워서 아내를 데려온다. 아내는 아이를 데려온다. 아이는 간호사를 데려오고, 간호사는 개를, 개는 고양이를, 고양이는 생쥐를, 생쥐는 치즈를 데려온다. 개연성 없는 듯한 등장인물들로 농부의 농장 식구들이 점차 늘어나는 이 데려오는 이야기는 'The Farmer in the Dell'이라는 구전동요의 가사다.

이미경 작가님, 승하글 작가님, 단풍국 블리야 작가님, 찐파워 작가님, 한나 작가님, Bono 작가님, 오서하 작가님, 이원희 작가님, 글방구리 작가님, 진아 작가님, 고운로 그 아이 작가님, 해조음 작가님, 벨라Lee 작가님, 발자꾹 작가님, 선율 작가님, 이수정 작가님... 색깔도 소리도 의미도 없는, 파동과 입자만이 있는 고요한 우주처럼 무수한 텍스트가 시시때때로 쏟아지는 글쓰기 플랫폼의 우주를 유영하며 발견해 낸 별들이다.

하나의 별이 빛나고 그 빛이 다른 빛을 반사하고 끌어당겨 별자리가 만들어지듯이 창조적인 마음으로 느끼고 인식하고 의미를 부여하고 연결되어 〈글루미릴레이〉라는 이름의 별자리 하나가 탄생했다. 초기 기획 단계에서 이원길 작가님께서 제안하신 가제이자 〈글루미릴레이〉의 부제가 된 '우울하고 불안한 시대의 위로, 희망, 극복 그리고 나름의 이야기들'을 진행하면서 이 작업이 어디로 향하게 될지 설레고도 두려웠으나 모두의 조용한 열정과 협력으로 마무리 단계에 접어들어 닫는 글을 쓰면서 세 개의 단어가 떠올랐다. '문학, 연결, 우정'이다. 그리고 이 세 단어를 잇고 짜 맞추어 '문학으로 연결되고 우정을 간직하는 일'이라는 닫는 글을 썼다.

문학의 대가 보르헤스가 남긴 우정에 대한 말을 인용하는 것으로 〈글루미릴레이〉를 마친다.

'우정은 오해할 일도 없고 희망도 없고, 그냥 계속 나아가는 것이지요. 자주 만날 필요도 없고 증명할 필요도 없어요. 하지만 우리는 우리가 친구 사이인지 아닌지, 상대가 친구인지 아닌지 알고 있어요. 우정을 느껴요. 진심으로 따뜻하게 환영해 주는 걸 느껴요. 사람들에게 사랑받고 있다는 걸 느낍니다. 그 모든 걸 느껴요.'

25년 5월, 부산 해운대에서

예정옥